谨将此书献给

中国共产党成立 100 周年

暨党的二十大胜利召开

本书研写人员

（以姓氏笔画为序）

王　华　尤俊意　邓少岭　庄金锋　何永康
赵英杰　姚　魏　骆伟建　钱晓明　郭丽莎
黄来纪　梁静姮　彭小燕　傅宇安　詹宏海
詹德强

序一*

党的十九大报告中明确提出，我们坚持以爱国者为主体的“港人治港”“澳人治澳”，发展壮大爱国爱港爱澳力量，增强香港、澳门同胞的国家意识和爱国精神，让香港、澳门同胞同祖国人民共担民族复兴的历史责任、共享祖国繁荣富强的伟大荣光。党的十九届五中全会明确提出，增强港澳同胞国家意识和爱国精神，全面准确贯彻“一国两制”、“港人治港”、“澳人治澳”、高度自治的方针，坚持依法治港治澳，维护宪法和基本法确定的特别行政区宪制秩序，落实中央对特别行政区的全面管治权，从国家层面建立特别行政区维护国家安全的法律制度和执行机制。按照党中央的要求，认真研究和总结港澳回归以来“一国两制”实践进程以及取得的成就和面临的问题，通过深入分析透视其成因和规律，形成高质量的学术研究成果，为国家继续推进两个特别行政区“一国两制”事业发展提供智力支持和政策建议，是我们学术研究机构的一项重要使命。

上海社会科学院法学研究所黄来纪研究员领衔的课题组以敏锐的政治眼光，紧紧围绕以爱国者为主体治港治澳这个主题，根

---

* 这是全国人大宪法和法律委员会主任委员李飞在由上海社会科学院法学研究所、澳门基金会、澳门基本法推广协会联合召开的“《澳门居民国家认同感问题研究》课题成果信息发布会”上的致辞。

据澳门特别行政区政府有效施政和澳门特区贯彻“一国两制”方针取得巨大成就的现实，对澳门特区居民国家认同感问题进行了系统性研究，在澳门基金会和澳门基本法推广协会的大力支持下，经过与澳门特区政府部门、社会团体、专家学者和社会公众的广泛接触、深入座谈和社会问卷调查，经过系统深入分析，形成了《澳门居民国家认同感问题研究》专题报告，这是一项很成功的研究成果，我对课题组的辛勤工作和丰硕成果表示由衷的敬佩，对澳门基金会和澳门基本法推广协会以及澳门各方面人士表示衷心的感谢。

澳门特别行政区将迎来回归21周年纪念日，值此召开这场课题成果信息发布会很有意义，在此我谨祝发布会取得圆满成功，并预祝上海社会科学院法学研究所和各位专家学者再接再厉，为国家的“一国两制”事业贡献更多的智力成果，取得新的更大的成绩。

李　飞

2020年12月17日

序二*

今天非常荣幸，能与在座各位关心澳门特区的领导、专家、学者、朋友聚首“云端”，见证《澳门居民国家认同感问题研究》课题成果的面世，一同分享澳门特区“一国两制”成功实践的经验。作为本课题的支持单位，我谨代表澳门基金会向各位致以崇高的敬意，也向本课题的承办单位上海社会科学院法学研究所表示衷心的感谢。

“国家认同”的概念于20世纪70年代开始从心理学进入政治学的研究视野，逐渐在当代政治学里占据重要位置。国家认同的定义复杂多元，不同的学者各有理解，但不管从哪个角度切入，“国家认同”大体是指个人自主地对国家认知的心理情感归属和行为确认，简言之，就是要解答像塞缪尔·亨廷顿（Samuel P. Huntington）所提出“我们是谁?”的疑问。

澳门学界在20世纪80年代伊始提出“澳门学”的概念，就是要解答“我们是谁，我们在哪儿，我们要往何处去”的问题。在澳门学的学科建设过程中，学者们积极探讨澳门历史发展规律和社会独特性，阐述澳门在中国与世界交流过程中的地位和作

---

* 这是澳门基金会行政委员会主席吴志良在由上海社会科学院法学研究所、澳门基金会、澳门基本法推广协会联合召开的“《澳门居民国家认同感问题研究》课题成果信息发布会”上的致辞。

用，全面挖掘澳门独特的人文意义和普遍价值，以便澳门的治权顺利过渡，并为澳门特区的成立创造条件。

习近平主席2019年12月20日在庆祝澳门回归祖国20周年大会暨澳门特别行政区第五届政府就职典礼上指出，“广大澳门同胞素有爱国传统，有强烈的国家认同感、归属感和民族自豪感，这是‘一国两制’在澳门成功实践的最重要原因”，这种强烈的国家认同感、归属感和民族自豪感，并非产生于一朝一夕，它能在澳门特区拥有广泛而深厚的社会基础，自有深刻的历史根基和文化渊源。

我们是谁？在400多年的历史过程中，澳门人无论顺境逆境、国势兴衰，始终保持自信，心系家国，坚持与中华民族同呼吸共命运，这种自身的文化独特性和内在的生机、动力，正是植根于澳门特区居民对中国传统文化的深刻认同和长期坚守，让爱国爱澳成为澳门居民的精神底色，孕育出澳门开放多元、“和而不同”的社会实践和文化经验。

我们在哪儿？还有3天，澳门即将迎来回归祖国21周年。这21年来，既开创了澳门历史上最好的发展局面，也面临着一些新挑战和机遇。我们必须认真总结澳门特区“一国两制”成功实践的经验，全面认识澳门历史文化的价值和意义，深刻把握只有在全社会形成广泛的国家认同，才能全面落实“一国两制”。正如习近平主席所说：“澳门‘一国两制’的实践，是沿着一条正确的道路往前走，最后结出了繁荣昌盛发展的硕果。爱国主义为‘一国两制’成功实践打下了一个坚实的政治社会基础。”正是这样的家国情怀，陪伴着我们坚定地走过昨天、走到今天、走向明天。

我们要往何处去？当今世界正处于百年未有之大变局，无论中国内地的发展，还是澳门特区“一国两制”的事业都进入了新时代。总结过去，展望将来，澳门特区将更积极主动弘扬澳门城市的人文价值和中华文化传统，继续提升澳门居民的国家认同感，为特区发展、国家现代化、中华民族的伟大复兴和人类文明作出更大的贡献。

最后，再次感谢研究团队为“澳门居民的国家认同感”这一课题所付出的努力与贡献，这次的研究成果是系统、宏观并有理论支撑的新尝试，有助从另一视角探究“一国两制”的强大生命力。

吴志良

2020 年 12 月 17 日

前　言

经过课题组全体成员两年多的艰苦努力，《澳门居民国家认同感问题研究》终于成稿了，我们的心情是可以想象的。借此机会，有几句肺腑之言，一吐为快。

本课题组人员大多来自社科研究机构和高校，专业从事或者跨专业切入“一国两制”和特别行政区制度的研究工作。在多年研究相关课题的基础上，深入思考并跟踪观察澳门居民的国家认同感问题，觉得澳门特区政府的管治理念、管治重点、管治方法、管治效果等方面，均有行之有效的创造性经验，值得总结与借鉴，并应向主管港澳工作的有关领导部门提供书面研究报告。为此，在上海社会科学院法学研究所和上海国际商务法律研究会领导的关心支持下，我们设立了“澳门居民国家认同感问题研究”课题组，并于2017年中，由课题组组长、上海市法学会港澳台研究会会长、上海国际商务法律研究会顾问、上海社会科学院法学研究所基本法研究中心原主任黄来纪研究员领衔，经澳门基本法推广协会理事长崔世昌先生鼎力相助，向由吴志良先生任行政委员会主席的澳门基金会申请了一项课题——《澳门居民国家认同感问题研究》。在此，借课题成稿之际，课题组全体成员对崔先生、吴先生的支持、帮助和指教致以诚挚的谢意！

我们不能忘怀的是，此前一系列有关“一国两制”和特别行政区制度课题研究过程，一直受到时任全国人大常委会港澳基本法委员会主任李飞同志和其他领导同志的关心与指教。2012 年 3 月，全国人大常委会港澳基本法委员会办公室在给上海市法学会港澳台法律研究会的函示中向我们提出："积极发挥组织协调作用，不断开拓创新，努力推出高水平的基本法研究成果，为党和国家对港澳工作大局服务。"我们牢记上述指导，以"为党和国家对港澳工作大局服务"为座右铭，力求做好每一项研究课题。此次课题组在广泛深入澳门特别行政区调研过程中，自始至终获得全国人民代表大会宪法和法律委员会主任委员李飞同志的关心和指教，对此，课题组全体成员向他致以诚挚的谢意，并向全国人大常委会港澳基本法委员会致以诚挚的谢意！

在调研过程中，我们自始至终得到澳门特别行政区行政长官办公室及特区政府各主管部门的支持与帮助，得到中央人民政府驻澳门联络办公室（中联办）及其相关部门特别是法律工作部和宣传文化部的支持与帮助，得到澳门特区各爱国爱澳社会团体特别是澳门基本法推广协会和澳门街坊会联合总会的支持与帮助，得到澳门地区有关高等院校特别是澳门大学法学院与澳门理工学院"一国两制"研究中心以及其相关研究所的支持与帮助。在此，我们对上述部门与单位及相关人员一并致以诚挚的谢意！

自 2017 年冬天至 2020 年春天的两年多时间里，课题组成员数十次南下澳门进行课题调研工作，先后拜访求教了澳门中联办研究室原主任陈永浩同志，澳门中联办法律部主任殷洪浩和李雪飞同志、副主任王恒同志以及徐祥生处长，澳门特区政府行政决策与区域规划局局长米健先生，澳门基本法推广协会理事长崔世昌先生、副理事长李沛霖先生，澳门大学法学院院长唐晓晴教授、澳门大学宪法和基本法研究中心主任骆伟建教授、澳门大学法学院赵国强教授、澳门大学社会科学学院院长郝雨凡教授、吴枚副教授和魏楚雄教授等，澳门理工学院“一国两制”研究中心元老级人物杨允中教授、研究中心主任冷铁勋副教授、姬朝远副教授，澳门基金会曾晋锋秘书长、澳门基金会研究所所长黄丽莎女士和副所长杨道匡先生，澳门理工学院中西文化研究所林发钦所长、王五一教授，澳门街坊会联合总会吴小丽理事长，澳门公职人员协会大会主席、亚太区葡侨委员会主席姗桃丝女士与高天赐议员助理林珊娜女士，《九鼎》杂志总编辑贺越明先生，等等。在此，我们对他们一并致以诚挚的谢意！

调研期间，承蒙澳门特区政府各有关主管部门和澳门各爱国爱澳社会团体的大力协助，在百忙之中，组织相关人员与课题组成员举行多次座谈会，为我们提供了大量翔实的资料和数据以及真知灼见。这些部门和社团及其领导有：澳门特区政府原政策研究室（现行政决策与区域规划局）刘本立主任以及经济组人员，特区政府法务局、行政公职局及其公共行政研究中心、公务人员培训中心，高等教育局，教育暨青年局等；澳门基金会、澳门基本法推广协会、澳门街坊会联合总会、澳门工会联合总会、澳门青年联合总会、澳门中华学生联合总会、澳门妇女联合总会，等等。在此，一并致以诚挚的谢意！

调研期间，有许多让人感动的事，令课题组成员感怀之至。比如，原全国人大常委、澳门立法会原主席、现澳门特别行政区行政长官贺一诚先生，公务繁忙、难以分身，但仍请全国人大代表、澳门立法会议员刘艺良先生组织在澳全国人大代表，举行了人大代表关于澳门居民国家认同感问题的座谈会，事前每位代表都作了充分准备，结合自身双重身份实际，阐述了自己的见解。在一场澳门特区省级政协委员联谊会组织的座谈会上，与会政协委员同样结合自身双重身份详细介绍了政协委员如何发挥应有作用，特别是在青少年学生中培植国家认同感方面的作用。还有一些知名人士不止一次地接待了课题组成员，如吴志良先生、唐晓晴院长、杨允中教授、冷铁勋主任、青联会理事长吴子宁女士、学联会长戴嘉萍女士等。特别是街坊总会理事长吴小丽女士多次接待并与我们座谈，还参加了在澳全国人大代表座谈会，发表高见。这一切，都给我们课题组成员莫大的鼓励和鞭策，是我们完成课题任务的强大动力。在此，我们对上述人士一并表示诚挚的谢意！此外，还要感谢曾经大力帮助过我们进行调研活动的中山大学粤港澳发展研究院王禹教授、澳门大学法学院梁静姮高级导师、澳门基本法推广协会秘书室彭小燕主任、澳门教育暨青年局张雪莲女士、澳门街坊会联合总会副秘书长江旭纯女士和行政办公室主任傅宇安先生等各方人士。

本课题自始至终得到上海社会科学院法学研究所的大力支持。参加本课题立项设计与前期预调研工作的有上海社会科学院法学研究所的黄来纪教授、詹德强律师、姚魏博士；正式参加课题调研与写作的除黄来纪外，还有上海社会科学院法学研究所的尤俊意教授、邓少岭副教授、姚魏博士，澳门大学法学院骆伟建教授、梁静姮高级导师，上海大学庄金锋教授、詹宏海博士与徐晓明硕士，上海天尚律师事务所詹德强律师，中山大学粤港澳发展研究院博士后王华和该院基本法专业博士生郭丽莎同学，澳门大学法学院赵英杰博士。课题组由黄来纪担任组长，尤俊意担任学术顾问。

经过两年多时间的调研活动，经过1500人/份的书面问卷调查，经过课题组多次讨论，最后形成了《澳门居民国家认同感问题研究》调研报告，作为课题的作业，交给老师们，敬请中央主管特别行政区事务的领导部门与相关单位批评指正，敬请澳门特别行政区政府及其主管部门参考和批评指正，敬请各位关心或从事相关教学与研究的工作者们批评指正，以便今后作出进一步的调研修改。

本研究报告包括四章内容：第一章——澳门居民国家认同感概述；第二章——澳门居民国家认同感现状与简析；第三章——澳门居民形成比较浓厚国家认同感的基本原因与积极作用；第四章——进一步提升澳门居民国家认同感的建议。由彭小燕老师提供的《澳门基本法推广协会工作汇报》，我们认为值得赞誉和推广，因而作为课题的附件一刊于文后。《澳门居民国家认同感情况问卷调查表》和《澳门居民国家认同感问卷调查结果》是研究本课题的翔实而重要的基础资料，因而作为附件二附于文后。前者为第一节，由詹德强、尤俊意、黄来纪、姚魏等设计，王华组织问卷调查表的发放与收集；后者为第二节，其电脑集成与制图和文字分析由澳门街访总会办公室傅宇安主任、何永康助理主任及黄来纪教授等完成。

由于最后成稿时间匆促，舛误之处肯定难免，真诚欢迎各方人士批评指正！

“澳门居民国家认同感问题研究”课题组

2020年6月于上海

目　　录

第一章　澳门居民国家认同感概述

国家认同问题不仅仅是一个关于个人的身份归属问题，更是一个引发人们行动的重要变量，会在更大体量上牵涉国家和文化发展的稳健性，对政治和社会的稳定秩序起着预警、整合、调控和保障等方面的作用。对澳门居民国家认同感问题展开研究，首先需要在概念上廓清国家认同感的含义、性质、特征等问题，并在此基础上梳理相关的基础理论。

第一节　国家认同感的含义、性质与特征

一、国家认同感的内在含义

（一）认同

“认同”是英文“identity”的译文，它在哲学、心理学、行为科学和文化学的不同领域中有着不同的含义。“认同”最早是一个哲学和逻辑问题，本意是指一种存在上的同一性质或状态。因此，认同也被翻译为“sameness”或“oneness”。心理学将“认同”视为一种与生命历程相关的心理危机。精神分析学派的心理学家西格蒙德·弗洛伊德（Sigmund Freud）在1900年出版的《梦的解析》中提到“认同”，后被新精神分析派的代表人物

埃里克森（E. H. Erikson）发展为“自我同一性”理论。心理学领域中的“认同”主要被理解为个人与集体之间的产生心理联结的纽带，或者说是一种组成集体的内在心理倾向。其对认同的解释主要包含3种作用，即自居作用、模拟作用和表同。[①]

从文化研究领域来看，“identity”既可以译作“身份”，又可以译作“认同”。就前者言，它主要作为名词来使用，是指某个个体或群体据以确认自己在特定社会里的地位的某些具有显著特征的依据尺度，如性别、阶级和种族等范畴。就后者言，它主要作为动词来使用，强调一种认同行为，即某个个体或群体试图追寻和确认自己的文化身份。人的文化或社会身份，采用了一种本质主义的视角来理解“我是谁”“我过去是谁”“我现在是谁”“我将来是谁”这一系列时间流变中的问题。我国学者大多把“认同”理解为一种归属感，即一种集体情感的联结。王成兵认为，认同的关键性特征的张力，在最简单的意义上说，是对“我是谁”以及与之相关的身份感问题的追问。[②] 韩震则从历史哲学的视角在历史性中解读认同，“人类是一种历史性的存在，因此人的自身认同和集体认同问题都必须从历史发展的角度去看，所有的认同都是在一定的时空系统中人们历史活动的过程和产物”，“所谓认同问题，就是你认为自己是什么样的人以及你归属于哪个群体的问题”。[③]

在行为科学上，“认同”有两种含义：一是认为“认同”是认知两个目标具有相同意义的一种历程；二是认为“认同”是摄取目标特征的一种历程。[④] 美国学者亚历山大·温特（Alexander

---

① 陈宗荻：《现阶段国家目标认同之研究》，正中书局1989年版，第24页。

② 王成兵：《国家认同：当代认同问题研究的新焦点》，载《学术论坛》2010年第12期。

③ 韩震：《论国家认同、民族认同及文化认同——一种基于历史哲学的分析与思考》，载《北京师范大学学报（社会科学版）》2010年第1期。

④ 同上注。

Winter）偏向于从行为科学上理解“认同”，其对认同的解释是“有意图的行为体的属性，它可以产生动机和行为特征”。①

越来越多的研究者倡导对“认同”的多面向理解，如中国台湾地区学者陈宗获从心理学和行为科学的双重维度上认为现代意义上的“认同”已经糅合了心理和行为科学两者的两种解释，从而使“认同”具有认属、模仿、视同的3种含义。②

同是中国台湾地区学者的江宜桦对此有相类似的观点，他认为“认同”应该包含3种含义：“其一是同一、等同（oneness，sameness），主要是指不同时空条件下某物与另一物为同一事物的现象，描述事物的一贯性；其二是确认、归属（identification，belongingness），指个体或群体辨识自己的特色、确定自己属于哪一种类属、不属于哪一种类属的活动，表达个体或群体的归属性；其三是赞同、同意（approval，agreement），指主体对某个组织、团体或观点持支持、赞同或肯定的态度或判断，如‘政党认同’‘我认同你的观点’之类，表达个体或群体对事物或观点的肯定性。”③

综上所述，“认同”一词的主要含义是：个体带有主体性和选择性地构建同一性认知的心理情感活动和行为确认。

（二）国家认同感

从上述对于“认同”的分析，国家认同（national identity）可被视为一个主体感知和身份归属的过程。国家认同感的定义较为复杂和多元，不同的学者在不同的研究问题中对其有多样化的界定。在《大陆及港澳台常用词对比词典》中，“国家认同”被

---

①［美］亚历山大·温特：《国际政治的社会理论》，上海人民出版社2000年版，第282页。

② 同上注，第26页。

③ 江宜桦：《自由主义、民族主义与国家认同》，扬智文化事业股份有限公司1998年版，第8—11页。

表述为“对国家的承认和服从”。[①] 这样的定义过于简单、不够清晰。为此，有必要对国家认同这一概念进行更为具体的概念阐述。

就字面意义上讲，国家认同感大体意思是指“对于国家的认同”，有别于单向和机械的“对于国家的承认和服从”。“认同”是有别于“承认”的，并且和“服从”的表述大有不同。从更为完整的意义上讲，国家认同感的形成至少包括3个方面的要素：一是认同主体（人）；二是认同对象（国家）；三是认同主体与认同对象之间产生心理和情感联结的中介过程和多影响因素。对于认同主体来说，认同是一种区分“我群”和“他群”的区分性认知以及对“我群”的情感联结。对于认同对象来说，认知主体所认同的“国家”也不是铁板一块，它可能是高度总体性的，也可能是分化分层的。同时，认同主体与认同对象之间的关联并非是机械建立的，其中，涉及经济、政治、社会、文化等方面的影响因素，社会记忆和群体心理也会对认同主体的国家认同产生重要的结构性影响。

对于国家认同感的概念不仅需要从要素视角来加以理解，更需要引入过程视角，也就是将国家认同感视为一个相对稳定但又充满变化的过程。将国家认同感仅仅理解为对于国家的认同也是不够确切的，因为国家认同感不仅仅是对于“国家”的认同，更是认同主体在国家中对于自己归属的不断定位和对于自我身份的不断建构，因此国家认同感是一个认同主体与认同对象之间在多重因素影响下的不断交互的过程。国家认同处于双元结构中，“国家认同乃是一种集归属性国家认同和赞同性国家认同于一体的双元结构”，[②] 归

---

① 魏励、盛玉麒主编：《大陆及港澳台常用词对比词典》，北京工业大学出版社2000年版，第116页。

② 肖滨：《两种公民身份与国家认同的双元结构》，载《武汉大学学报（哲学社会科学版）》2010年第1期。

属性和赞同性具有正相关的关系，共同构成公民的国家认同。国家认同感是主体在不同程度的压力和诱导因素下，通过自我选择，作出接受或者拒绝国家的选择。因此，国家认同感本身在概念上尤其强调认同主体在国家认同方面的主体性和选择性，而不是被动地承认或者服从。因此，尽管国家认同研究的重要意义在于强调在热爱自己国家背景下，公民对于自我身份的认定并归属于同一的国家身份。然而，在实际中，国家认同是一个主客互构的过程。

如果考察国家认同感的现实生成，国家认同感通常表现为一个求同存异且充满张力的过程，并且求同和存异两者往往同时发生。“求同”即认同主体通常把国家认同归属于某种范畴，确认自己属于哪个国家。正如中国台湾地区学者江宜桦所认为的“国家认同”——“一个人确认自己属于哪个国家，以及这个国家究竟是怎样一个国家的心理性活动”。[①] 这种“求同”的过程更是与历史发展的长时段相关，是指一个国家的公民对自己祖国的历史文化传统、道德价值观、理想信念、国家主权等多方面的认同，形成了捍卫国家主权和民族利益的主体意识。[②] 国家认同感不仅是求同的过程，还是存异的过程。对个人来说，国家认同感指个人在心理上认为自己归属于该政治共同体，意识到自己具有该国成员的身份资格。对国家来说，国家认同感指其独特属性以及由此而来的保持该独特属性的权利得到他国的承认。[③] 为构建一个国家的认同，力求一个对立面，在“他国和国际”的对立面中寻找自身国家认同。戴维·阿斯顿（David Easton）也突出了求异的重要性，他认为“所谓‘国家认同’简单而言就是一种‘政

---

① 江宜桦：《自由主义、民族主义与国家认同》，扬智文化事业股份有限公司1998年版，第5—6页。

② 贺金瑞：《论从民族认同到国家认同》，载《中央民族大学学报（哲学社会科学版）》2008年第3期。

③ 郭艳：《全球化时代的后发展国家：国家认同遭遇“去中心化”》，载《社会观察》2004年第10期。

治社群归属感’，是系统内的成员之间，相互有‘圈内’或者‘共同体’的感觉，并将认同视为政治系统的一部分，同时以此形成共同接受的标准，如领土血缘关系、宗教信仰、公民等，据以排除其他的成员”。[①] 因此，国家认同感既标识着共性，又划定着异质性的界限。值得注意的是，国家认同感的主体也是多元化的，国家认同感不是单向的认知过程，而是不同主体之间的相互沟通、相互推动、相互认同的过程。

基于上述分析，本研究中“国家认同感”是一个人带有主体性和选择性地在共变中构建唯一性和固定性国家认知的心理情感活动和行为确认。首先，国家认同是带有主体性和选择性的，我们可以通过自己的选择作出对于国家的认知，缺乏互动基础而被动或强加国家认同可能反向导致心理情感以及行为上的拒斥。其次，国家认同是在共变中，也就是相互认同中形成的，这里的共变既包含宏观层面的法律法规等，也包括中观层面的群体认知等，还包括微观层面的个体行为等，这些影响国家认同的各个层面的要素不管是共时共向、一致协调良性发展的，还是共时反向差异冲突变化的，都会极大影响人们的国家认同感。最后，国家认同需要形塑的是被意识形态强制赋予的、是不可随意更改的、需要不断在提升国家认同中追求的唯一性。

二、国家认同感的主要性质

（一）政治性

国家认同感的首要性质是政治性。政治认同是我们对权利和

① David Easton. An Approach to the Analysis of Political System. World Politics, 1957 (1): 391—392.

义务、荣誉和正义、是非和对错原则等重要事项的判断，同时涉及其他人对我们自身观念以及我们与外部世界之间的联系，更决定着我们对政治社群的归属感。因此，国家认同感构成了政治秩序和政治合法性的重要基础。政治认同一般包含人们对 3 个问题的回答：我是谁？我属于哪类人？我同其他人存在怎样的关系？对这 3 个问题的回答，直接关乎人对自身身份属性和社群关系的定义、感知与认可。同时，在一个国家层面，国家的领土、主权、政权组织和人口又是影响政治认同最重要的决定性要素。政治认同感需要在一个强有力稳定国家条件下的生命权、财产权、自由权等公民的神圣权利来支撑。如果一个国家连最基本的领土和主权都无法保护，而公民权利又随意被侵犯，是不可能使人们对其始终保持高度的国家认同感的。权利的保障和实现是现代政治的基本原则，也是国家认同感的政治基础。

（二）经济性

国家认同感更深层次地具有经济性质，它形成的根基是地域政治共同体耦合形成的经济共同体，也即政治共同体内部形成的紧密的经济交往和资源交换关系。经济因素往往会直接影响人们的国家认同感，一些处在经济和物质都相对匮乏状态中的人们，他们所考虑的首要问题无疑是如何提高经济水平和物质条件。在这些人的价值观念中，物质主义是典型代表。他们的国家认同感相对比较弱，迫切希望经济的迅速增长和物质财富的明显提升，满足吃穿住行等基本生存需求，国家认同感相对淡薄。而处于经济富足和生活富裕的人们，他们的物质欲望已经得到极大满足，同时国家还能提供更多的保障，使得他们有较强烈的国家认同感和归属感。

（三）社会性

国家认同感具有社会性质，它形成的根基是地域政治共同体耦合形成的社会共同体，也即政治共同体内部形成的紧密的社会交往关系，以及地域范围内所达成的社会整合程度。国家认同感直接的社会性表现就是情感，地缘和血缘塑造了紧密相连的情感，正是这种血肉相连、唇齿相依的地理和人际因素，使得一个主权国家的人们产生相同的国家认同感。就一个国家的大部分人而言，对国家的认同感是与生俱来的。拥有相同情感的人，是一个社会得以薪火相传的根基，是社会得以持续发展的希望，人们会言传身教地去实践国家认同感。"人心认同"是国家认同感的情感基础，它主要体现为国家归属感、荣誉感、责任感。强化人心认同要求我们努力培养各民族公民的国家观念，以价值共识，尤其是社会主义核心价值体系教育来引导各民族公民在文化差异基础上的国家认同；同时进行历史教育、国情教育和世情教育，培育并增进国家归属感、责任感。当然，全球化时代的人心认同不是封闭的，应将国家认同与全球认同联系在一起，培育具有开放意识的人心回归的情感价值。

（四）文化性

国家认同感具有文化性质，表现出一种集体性的文化形态。国家认同感的形成，根基于地域政治共同体耦合形成的文化共同体，也即政治共同体内部形成的传递性的共享文化。国家认同感的文化性质显而易见，但又是以润物无声、潜移默化的方式来展现的，特别是多元文化在同一国家中的碰撞。在亨廷顿看来，"国民身份认同日益淡化"的局面正是异质文化相互间交流所引起的，这有可能给一个国家带来国家认同的危机。这种现象不仅仅发生在美国，在当今世界的许多国家中也都出现了："这一危机同时出现在美国和如此之多的其他国家和地区，这也表明很可能有共同的因素在起作用……现代化、经济发展、城市化和全球化使得人们重新思考自己的身份。"① 通常，信息传播与国家认同

① ［美］塞缪尔·亨廷顿：《谁是美国人？——美国国民特性面临的挑战》，程克雄译，新华出版社2010年版，第11页。

感存在着相关性。不同的传播媒介对人们的国家认同感的影响也是不同的。传统媒介如电视、报纸等从传播速度和传播范围上说，与互联网等新兴的电子传播有较大差距；同时，电子传播有着国际化和碎片化的特征，导致人们的国家认同感弱化，而传统媒体更多地受到国家控制，有助于主流意识的塑造，强化国家认同感。

（五）民族性

国家概念中所包含的“人口”——国民要素中大都蕴含着民族或多民族成分，显而易见，国家认同感具有深厚的民族性，这是不可忽视的重要方面。袁娥在《民族认同与国家认同研究评述》一文里说：“随着认同研究的深入，‘认同’概念开始走出单一的心理学研究视角，进入广泛的人文和社会领域，成为当代学术界的一大流行词汇，并聚焦于民族（族群）、国家这类社会群体，国内外学者对之表现了浓厚的兴趣。”① 经学界多年的研讨，普遍认为民族认同（又称族群认同）通常是指特定民族的成员对自然环境与文化特征的认可与共识。民族认同先于国家认同产生，是国家认同的基础和前提；同时，国家认同的发展能够促进、保护民族认同。

国家作为一个整体，有智慧的当局管理者都会采取正确的方针及措施，将民族认同融合到国家认同之中，形成强大的政治力量以巩固政权，发展经济，否则就会被各种族群分离力量所肢解。对于多民族国家而言，在处理民族认同和国家认同关系时，应坚持各民族在法律上一律平等的原则，并强化各民族人民共属一体的观念，努力促进不同民族的融合。中国自古就是一个多民族的国家，在数千年的历史中尽管有过多次的外族入侵和内部纷争，都不曾使中华民族陷入长久的分裂，统一是中国历史发展的

---

① 袁娥：《民族认同与国家认同研究评述》，载《民族研究》2011 年第 5 期。

主流。费孝通提出的“中华民族多元一体”的理论，说明中国几千年的历史就是一部民族融合发展的历史。“反对分裂，主张和维护统一，是中华民族的感情和传统，是中华民族强大的生命力、凝聚力和创造力的根基所在。”[①] “台独”“港独”等都是违背民族认同和国家认同的，都是行不通的。

三、国家认同感的基本特征

（一）同一性

国家认同感具有同一性的特征，一个国家只有一个名字，这是国家内部成员建立国家认同感的一个重要基础。基于我国宪法的国家认同，确保了一个国家的宪法基础。任何中华人民共和国公民，基于公民在宪法上的忠诚义务，必须首先认同“一个国家”，树立国家意识。在近代民族国家中，中华民族就具有同一性，就像有的国家是由不同的种族、民族和族群所共同构成的那样。我们应当承认，一个国家的各个地区在制度上、生活方式上有差异，要成功维护“一个国家”，并且在国家根本利益上保持一致，必须坚持共同的国家认同。宪法以根本法形式包容不同制度之间的和平共存，使宪法成为国家认同的立足点。在一些推行多元文化主义的国家已经出现因多元论存在所引发的困扰，从而引起国家认同感削弱及社会分裂等严峻问题。

（二）包容性

国家认同感是同一性和包容性的统一。在我国“一国两制”方针下，国家认同有了新的拓展，内含了一种具有包容性的国家

---

① 袁娥：《民族认同与国家认同研究评述》，载《民族研究》2011 年第 5 期。

概念。追求法治、人权与自由价值的国家宪法为中国各个地区之间的沟通与融合创造了新的空间，国家的发展也为各个地区的发展带来新的机遇，国家认同已经变得越来越实在了。多元文化尽管可能对国家认同的同一性产生消极的影响，但也同时使一个国家地域范围内能够形成多元主体的文化合作和交流，并在更长期的时段中形成包容差异的文化共性。当然，过度的文化差异可能加剧分裂和冲突。一些国家的双重国籍、双重国民身份和双重忠诚与爱国主义的要求存在较大差距，这通常会引发国家认同感的危机。基于多元文化理论的国家认同建构，在实践中有着潜在的危险，只有超越多元文化主义，强调在一个有着明确的主权、疆域和人口的主权民族国家的文化主义中推进国家认同感的建构，才能引起公民对国家政治系统的认同，增强国家的凝聚力、公民的向心力。

（三）互构性

国家认同感不是一个单向性固有属性，而是元素间互构的，是指两个主体之间相互形塑过程中体现出的两个主体之间的互动。林尚立认为："从根本上讲，国家认同是人们在与社会、与国家的互动中自我建构起来的，其本质是对自我与国家之间存在的内在一体性的认同。"① 具体地讲，国家认同感是人与国家有机互动的产物。在这种有机互动中，人们是通过对国家内涵要素的感知来认知和把握国家的。这决定了人们对国家的感知以及情感，很大程度上取决于人们所感受的国家各构成要素及其相互关系的合理性和影响力。如果人们重视国家认同感，那么在社会环境中可以得以良性发展。两者的变化和积极发展态势，正体现了在共时共向前进发展中相互影响、协调互构的特

---

① 林尚立：《现代国家认同建构的政治逻辑》，载《中国社会科学》2013 年第 8 期。

征。如果人们无视国家认同，将导致人们本身国家认同的缺失。不仅会出现无视国家认同，更会反对国家认同感。在这样的低认同环境中，国家认同感很可能受到挑战和冲击，从而使人们与国家认同感表现出逆向的冲突性。因此，要重视公民个体与国家整体之间的互构关系，以巩固与增强国家认同感。

（四）可塑性

国家认同感还有可塑性。既然认同是个人心理活动的过程，是个人与集体之间产生心理联结的纽带；而国家认同则是指一个国家的公民对自己祖国的领土主权、基本制度、理想信念、文化传统以及道德价值等的一种归属感。因此，国家认同感不是固定的静态概念，而是可变的动态概念，具有可塑性。陆平辉博士认为："个人对国家的认同是从出生时被赋予公民身份开始的，随着个人公民身份的产生，个人在国家中的法律地位得以确立，个人于是与国家建立起密切的联系。在道德教化作用下，个人将自我归属于国家，开始关心国家的利益，并在国家利益受到侵害时挺身而出，竭尽全力地维护国家利益。"①

国家认同感的可塑性为现代国家的掌权者提供了一个良机，即可通过有效工作逐步提高公民的国家认同感，以维护国家的政权，并实现国家的发展目标及其具体任务。澳门特区回归祖国后，特区政府各类学校与社团组织切实采取各种有效措施，尤其是实行"固本培元，稳健发展"战略，大力促进澳门特区经济持续快速发展，重视学习和宣传宪法和基本法，积极推行"澳式"公民教育等，收到明显效果，澳门特区居民的国家认同感不断提升。

---

① 陆平辉：《试论澳门特区的国家认同和民族认同建设——纪念澳门回归祖国十周年》，载《学习与探索》2009 年第 6 期。

第二节　澳门居民国家认同感的构成要素

国家认同（national identity）是“一个人确认自己属于哪一个国家以及这个国家究竟是怎样一个国家的心灵性活动”,[①] 可被视为一个主体性感知和身份归属的过程。国家认同的要素，是指构成国家认同存在并维持其运动过程的必要的最小单位，是组成国家认同的基本单元，也是国家认同产生、变化、发展的动因。我们认为，构成澳门居民国家认同的要素主要有 5 个方面，即：具有国家意识、认同中华文明、认同“一国两制”、认同国家宪法及特区基本法、认同中央政府的全面管治权。

一、构成要素之一：具有国家意识

国家意识，简言之，是指一国公民对国家的感知和认同，是公民基于对自己国家的历史、文化、国情等的认识和理解，而逐渐形成的一种国家主人翁的责任感、自豪感和归属感，它是整个国家认知、认同等情感与心理的总和。

（一）国家意识的内涵

1. 国家意识是具有国家主权的意识

国家主权是国家的最重要属性，是国家在国际法上所固有的独立处理对内对外事务的权力。在一国之内，国家主权是国内的最高权威，是最高统治权，国家主权不可分割，不可让与。意识，简言之，就是认识和知晓事物的存在。国家意识即是对中国

① 陈宗岳：《现阶段国家目标认同之研究》，正中书局 1989 年版，第 24 页。

作为国家这一主权体的认识和主动认可。中华人民共和国作为独立的主权国家，在包括中国香港特区、澳门特区、台湾地区在内的领土管辖范围内拥有至高无上、排他性的政治权力。作为国际法主体，中国具有独立自主处理自己内外事务，管理自己国家的最高权力。《中华人民共和国澳门特别行政区基本法》（以下简称澳门基本法）第 1 条明确规定“澳门特别行政区是中华人民共和国不可分离的部分”。因此，具有国家主权意识是澳门居民作为中国国民首先具备的意识，无论何时何地，捍卫中国国家主权和领土完整，是包括澳门居民在内的每个中国公民应尽的义务。国家意识是澳门居民国家认同感的前提和基础，离开国家意识则国家认同感无从谈起。

2. 国家意识是具有国家利益的意识

国家利益是一个国家维护和创造本国大多数国民共同生存和发展所需要的多种因素的集合，是主权国家在国际环境中生存和发展需求的总和，国家利益意识是国家意识的核心，也是国家意识的重要载体，国家利益高于一切。明确了国家利益之所在，国家意识才具有坚实的基础，澳门居民的国家认同感是建立在国家利益的意识之上的。

3. 国家意识是具有国家安全的意识

国家安全是国家的基本利益，是一个国家处于没有危险的客观状态，也就是国家没有外部的威胁和侵害，也没有内部的混乱和疾患的客观状态。[①] 国家安全法第 2 条规定，国家安全是指国家政权、主权、统一和领土完整、人民福祉、经济社会可持续发展和国家其他重大利益相对处于没有危险和不受内外威胁的状态，以及保障持续安全状态的能力。在当前全球化及网络化发展态势下，国家安全已不仅仅局限于传统的国防安全、领土安全和

① 陈宗岳：《现阶段国家目标认同之研究》，正中书局 1989 年版，第 24 页。

军事安全，而且已扩展到经济、政治、文化、科技和环境等社会生活的各个领域。没有国家安全就没有国民生存发展的根基，具有国家安全意识是国民一项基本义务。

国家安全包括的范围很广，但从根本上讲，国家安全意识的基点还是要归结到国家统一及其安全意识上，国家统一与安全是中华民族的强大精神传统，为国家统一与安全尽责是中国传统国家意识中的主要内容。澳门基本法第23条明确规定："澳门特别行政区应自行立法禁止任何叛国、分裂国家、煽动叛乱、颠覆中央人民政府及窃取国家机密的行为，禁止外国的政治性组织或团体在澳门特别行政区进行政治活动，禁止澳门特别行政区的政治性组织或团体与外国的政治性组织或团体建立联系。"

澳门居民是否具有国家安全意识，是否能共担国家安全责任，不仅是中国传统政治文化和道德的内在要求，也是国家宪法及特区基本法的法律要求，国家安全意识与澳门居民的国家认同感必然是紧密相连的，国家安全意识是国家认同感的必然体现和题中应有之义。

（二）具有国家意识是澳门居民国家认同的第一要素

澳门居民对国家的认知、认同和感知的国家意识，是澳门居民与国家之间重要的精神纽带，是激发澳门居民责任感、义务感的内在动力和爱国主义的基础，是澳门居民国家认同感构成的第一要素。

1. 国家意识是凝聚和团结澳门居民与密切澳门居民与国家关系的纽带

国家意识的强大凝聚力作用，能最大限度唤起、激发和强化澳门居民对国家的情感。国家的外部直观形态，并不是国家共同体的本质，真正的国家共同体，是指一国国民形成的"凝聚力"，即"国家意识"，具体是国民在内心深处认为我是"中国人"。没有这种意识的区域共同体，就不能称为国家。因此，澳门居民的国家意识越强，越能激发其建设国家、建设澳门的热情，并渗透到日常工作、学习和生活之中，最大限度地实现个人价值和社会价值，充实自身，回馈国家和社会，从而使国家认同同建设澳门与国家形成良性循环。

2. 国家意识是激发澳门居民国家责任感和义务感的内在动力

国家意识作为一种意识形态，作为一个中国共同体的自觉意识、主体意识，能够激发澳门居民为所共同归属的国家的发展而奋斗、而贡献的信念，从而激发其责任心和义务感。当其活动及其目标被纳入一定轨道中，并按照一定的方式运行的时候，分散的力量就会聚集起来，形成一种合力，使澳门每个居民的个体力量得到整体发挥，澳门居民的国家认同感得到更大提升。

3. 国家意识是澳门居民爱国主义的基础

爱国主义是千百年来中国人民在共同生活、劳动和斗争中形成和巩固起来的对国家的一种深厚感情、崇高思想和献身行为。具有国家意识，爱国主义才有了情感基础；对国家忠诚，才会始终关心祖国的前途与命运。作为澳门居民，如果没有爱国意识，就不可能有爱国主义，就不可能有对自己国家认同、尊重、热爱的情感和认知，澳门居民的国家认同感也无从谈起。

二、构成要素之二：认同中华文明

（一）中华文明的主要内涵与基本特质

中华文明是一个结构复杂而丰富的文明体系。如果从有文字可考的商代算起，也至少经历了3000多年的演变，具有强韧的内在生命力和特殊的文化内涵。在中华文明发展的漫长历史过程中，作为东亚大陆人口与经济核心区的中原地区始终与周边地区保持着密切、深入的文化互动，逐步形成了以中原地区为核心区，以周边地区为区域性文化中心的“大中华文化圈”。因此，中华文明在结构上既包括作为主脉的中原华夏文明，也包括中原周边曾被称为“夷狄”的各群体的传统文明，也即包括今天的“汉文化”和少数族群文化，呈现出动态交融和周期扩展态势的“多元一体”的结构性特征，既延续了共性也保留了特性。[①]

中华文明的强大生命力源自其最重要的基本特质——非无神论的世俗性，中华文明追求的最高境界是“天道”，即普世性的社会秩序与伦理规范，而不是宗教情怀或者个人主义、民族主义，由此产生了中华文明共同体的内部凝聚力、地区多样化和对外来文化的罕见包容度，并开展着以“和而不同”和“有教无类”为核心理念的跨文化交流。[②] 有外国学者认为，中华文明具有文化的多元同一性、政治的统一性。[③] 总的来看，由此产生的包容性使得中华文明从未中断，且不断吐故纳新。

（二）中华文明意识是澳门居民国家认同感的重要因素

澳门自秦帝国（约公元前 3 世纪）起被正式纳入中国版图，属南海郡番禺县地，自南宋起属广东省广州香山县。因此，澳门自古受到岭南文化的濡染，同属粤文化，自当是中华文明的一部分。葡人于 1553 年登陆澳门并开始居住，带来了以天主教为代表的葡国文化，开启了中西文明交融共生的进程。当时生活在澳门的华裔商人和居民有的甚至信仰了天主教，但他们绝大多数都没有放弃自己的文化传统，仍乐于接受明清政府的管治。

即使在 1849 年亚马留（Joao M. Ferreira do Amaral）总督强行迫使中国驻澳衙门撤出、实行殖民管治后，望厦村一带居民还不断向清廷抗诉葡人毁祖坟拆祖屋的暴行，要求恢复往日华洋共

---

① 马戎：《中华文明的基本特质》，载《学术月刊》2018 年 1 月，第 151—161 页。

② 同上注。

③ ［美］斯塔夫里阿诺斯：《全球通史：从史前史到 21 世纪》（第七版），吴象婴等译，北京大学出版社 2006 年版，第 129 页。

处分治的状况。在殖民扩张热潮过后，1888 年正式获得“永驻管理澳门”的葡国当局，也逐渐意识到维护华人文化传统的重要性，甚至依据中国传统尤其是两广习俗起草颁布《华人风俗习惯法典》（1909 年）等法例。更有趣的是，一些葡人尤其是土生葡人也追随华人传统，学习汉语，生活华人化。

澳门虽小，但原有的中国传统和后来的葡萄牙传统共存并进，在宗教和家族这两个突出体现传统的元素上，明显可以看到两种文化的冲突和交融，而结果是两者都变得更包容、更宽宏。因此，“除开若干外来因素引起的民族文化和政治冲突，两个社会中心也算相安无事，维持总体社会祥和的气氛”。①

（三）中华文明是当代澳门社会的主体文化

以中华文化为主体、多元文化融汇交合而形成的澳门文化，“不同而和，和而不同”，体现了中华文明对外来文化的极大包容度和融合力。作为一个移民城市，中华文化在这里得到完好的保存，外来文化也在这里生根发芽，造就了多样的人文景观。漫步在澳门的街头，随处可见瑰丽的西式建筑和典雅的中式院落，游人如织的大三巴牌坊后面安然坐落着哪吒庙，香火不绝，郑家大屋和圣老楞佐教堂毗邻而立，历经岁月的洗礼，依旧和谐共处。中葡文化“你中有我，我中有你”，但各自的主体仍然保持鲜明的个性。澳门一直强调保持自身文化的独特性，澳门文化依然以中华文化为主导，这是由澳门的地理人文环境所决定的。② 澳门与广东人民同饮珠江水、同讲粤方言，文化同根同源。澳门从来都是一个以华人为主导的社会，目前，葡萄牙人和其他外国人仅占澳门人口的 4% 左右。这样的成长生活

① 吴志良：《传统文化与现代社会》，载吴志良：《东西交汇看澳门》，澳门基金会 1996 年版。

② 吴志良：《从澳门看文化发展战略》，载吴志良：《东西交汇看澳门》，澳门基金会 1996 年版。

环境使澳门居民对中华文明耳濡目染，这是澳门居民国家认同感的文明基础。

中国是一个“以文化而非种族为华夷区别的独立发展的政治文化体”，有人称之为“文明体国家”（civilizational state），有其独特的文明秩序，不同于近代任何其他的“民族—国家”（nation-state）。[①] 在中国社会的基层组织中始终是一套传统的中华文明体系在发挥作用。[②] 这一特点在作为“社团社会”的澳门表现得极为突出。自澳葡时期起，根植于中国文化传统的原生社会组织——社团——就成为澳门政治与社会的复合体，并日益发展为澳门政治、经济、社会和文化等各领域中独特而富有活力的社会组织形式。社团一直都是澳门整合各种社会力量、传承爱国爱澳文化的重要途径。[③] 澳葡时期，葡萄牙人对澳门的统治政策是最大限度地剥夺澳门而非发展澳门，所以澳葡政府对当地华人教育的发展不闻不问，澳门本土的华人教育长期以来主要由爱国社团自发兴办。如今，澳门特区的私立中小学校大多由社会团体或者教会创办，许多学校选用中国内地出版的历史、地理教材，从幼儿园开始就注重培养学生作为国家和特区公民的身份认同，强调品德与公民双重教育。[④] 澳门大学的一项研究结果显示，澳门中小学生对国家历史文化的认知达到中上水平。这样的国民教育背景使澳门居民普遍具有中华文明意识，使澳门居民国家认同感大幅提升。

《粤港澳大湾区规划纲要》指出要增强大湾区文化软实力，

---

① 金耀基：《中国政治与文化》，香港牛津大学出版社 1997 年版，第 614 页。

② Pye, Lucian W., *The Spirit of Chinese Politics*, Cambridge, Harvard University Press, 1992, p. 235.

③ 萧志伟等：《“一国两制”下爱国爱澳社团的政治定位和功能拓展》，载《港澳研究》2015 年第 2 期，第 80 页。

④ 曹旭东等：《澳门中小学教育：法律、制度与政策》，中国社会科学出版社 2019 年版。

进一步提升居民文化素养和社会文明程度，共同塑造和丰富湾区人文精神内涵。这就要立足于同根同源的传统文化，在创意文化产业、人工智能、智慧城市等方面形成特色，打造“文化硅谷”，建设岭南人文湾区，构建文化共同体，从而更有利于大湾区文化认同和国家认同。①

三、构成要素之三：认同“一国两制”

“一国两制”，即一个国家，两种制度，它是中国政府为实现国家和平统一而提出的基本国策。关于“一国两制”，邓小平同志曾经作了一个非常概括的说明：“就是在中华人民共和国内，大陆十亿人口实行社会主义制度，香港、台湾实行资本主义制度。”②按照邓小平同志的论述，“一国两制”具体是指在一个中国的前提下，国家的主体坚持社会主义制度，香港特区、澳门特区、台湾地区保持原有的资本主义制度长期不变。

（一）“一国两制”的内涵

全面准确贯彻“一国两制”方针和基本法，保证“不走样，不变形”的前提是要全面准确地理解“一国两制”方针的内涵。

1. “一国两制”的前提是“一个国家”

即世界上只有一个中国，大陆（或内地）和港澳台地区同属于一个中国，中国的主权和领土完整不容分割。“一国”原则是指我国宪法所规定的中华人民共和国，是拥有广袤的固有领土、人口众多的各族人民，独立和合法的政府，是由宪法确立的各项

① 凌逾：《促进粤港澳大湾区文化融合发展》，载《中国社会科学报》2019 年 7 月 2 日。

② 邓小平：《建设有中国特色的社会主义（增订本）》，人民出版社 1987 年版，第 46 页。

国家制度所构成的现实中的国家。

2. “两制”是“一国”前提下的两制

“一国两制”是在“一国”的大前提下，中央允许在一些小块地区继续实行资本主义制度，即大陆实行社会主义制度，港澳台地区实行资本主义制度。在祖国统一的前提下，国家的主体坚持社会主义制度，同时在台湾地区、香港特区和澳门特区保持原有的资本主义及其生活方式长期不变。在中国，两种社会制度长期并存，共同发展。

3. “一国两制”是全面整体、辩证统一的

“一国”和“两制”不能割裂开来，两者之间存在不可分割的互动关系。“澳人治澳”必须是由“以爱国者为主体的澳人”来治澳，而不能相反；“高度自治”是中央拥有对澳门特区全面管治权的情况下，按基本法的规定赋予特区的自治权力。我们对“一国两制”必须全面理解其含义，不能只讲“两制”不讲“一国”，实际执行中也应正确处理坚持“一国”原则和保持“两制”差异的关系，正确处理维护中央全面管治权和保证特区高度自治权的关系。

（二）“一国两制”的重要意义

针对历史遗留的港澳台问题，邓小平同志创造性地提出了“一国两制”的构想，并逐渐形成成熟系统的理论，最终通过根据宪法制定的港澳基本法，确立港澳特别行政区制度而使“一国两制”制度化、法治化。

1. “一国两制”在中国政治制度发展上具有创新突破意义

1990年4月4日、1993年3月31日，两部特别行政区基本法的制定与通过是邓小平同志倡导“一国两制”构想的具体化与法治化，是中华民族对人类政治文明的独特贡献，是中国政治制度发展的创新突破，特别行政区制度是具有中国特色的政治制度。

澳门特区20多年的成功实践表明，“一国两制”作为新型的中国特色的政治制度，“令‘中国特色’增加了积极有益的新鲜内容，令祖国大家庭增添了认祖归宗的特殊成员。特别行政区充满生机与活力的健康成长进程，更进一步证明了‘一国两制’的理论与制度双重创新价值，证明了两种不同社会制度也可以融合互补，资本主义合理部分可以为社会主义所用、为其服务”。①

2. “一国两制”对维护港澳经济的发展与繁荣、社会的稳定有重要意义

只有社会稳定、经济繁荣才能最大限度保障港澳居民的利益，“一国两制”通过基本法规定了一系列的制度和政策，制度设计上注重从政治上保持港澳的社会稳定，如保护原有资本主义经济制度和生活方式50年不变、法律制度基本不变等，从而包容了各种既得利益格局，使得港澳原有社会制度在一个较长时期内、在授权高度自治体制中保持基本不变，确保国家平稳顺利地对港澳恢复行使主权，并有效地保证了回归后的香港特区和澳门特区繁荣和稳定。

3. “一国两制”对维护国家主权和领土完整有重要意义

“一国”是“两制”的前提和基础，全国人大在制定基本法、设计特别行政区制度时，确立了无论港澳特区拥有多大程度上的自治权，都遵循着维护国家主权和领土完整这一最高原则，体现了中央全面管治权和监督权的原则底线。“一国两制”中关于特别行政区的法律地位，明确了特区是我国不可分割的部分，中央负责管理外交与防务、任命行政长官与主要官员等，均是以维护“一国两制”中的“一国”为前提。

---

① 杨允中：《论宪政意识与“一国两制”实践的相关性》，载《“一国两制”实践论》，澳门理工学院“一国两制”研究中心，2016年，第83页。

（三）认同“一国两制”是澳门居民国家认同的基础要素

国家对港澳回归行使主权后，实行“一国两制”政策。澳门居民树立“一国两制”的国家观念，不仅是指对“一国”的认同，对“一国”的接受，而且也认识到“两制”是不可能脱离“一国”而独立存在的，离开“一国”就不可能存在“两制”。

1. 认同“一国两制”，有利于澳门居民培养正确的国家认同观念

（1）统一观念。即澳门特别行政区是中华人民共和国不可分割的一部分。维护国家独立与统一，是每个中国人的神圣义务，港澳居民也不例外。

（2）中央主权观念。主权是国家最重要的权力，它只能由一个国家中的中央政府行使。在对外关系中，只有中央政府才能代表国家，特别行政区在行使对外事务中，只能以属于国家一部分的“中国澳门”名义进行。如果主权不唯一，各个地方任意行使，国家就会面临分裂。

（3）国家制度观念。即特别行政区居民认同国家结构制度、管理制度和国家象征。中华人民共和国国家结构制度是单一制的，中央与特区的关系具有统领与从属性，不是平等的关系。国家行使管理制度的基础是宪法，基本法是基于宪法授权下的高度自治而制定的。国家的主权象征是中华人民共和国国旗、国徽、国歌等，包括港澳居民在内的每个中国人都应尊重国旗、国徽、国歌等，理解国旗、国徽、国歌的内涵，正确使用国旗、国徽、国歌。

2. 认同“一国两制”，有利于澳门居民树立正确的身份认同

“一国两制”下的身份认同，首先必须认同中国人身份，不认同自己是中国人，就无从谈认同中国。认同“一国两制”，树立正确的身份认同，特别应加强以下几方面意识。

（1）中国国籍。特区是中国一部分，特区的中国公民没有

“特籍”，只有“中国国籍”，即是中华人民共和国公民。

（2）受国家保护。根据澳门基本法第139条的规定，特区居民中的中国公民可以申领特区护照，持有中国护照，即身在任何国家和地区均可以受到国家的领事保护。

（3）有主动参与国家事务管理与治理实践的权利。特区中的中国公民可以依法参与国家事务的管理，维护国家政治体制，积极参与国家经济、政治、文化、社会、生态文明建设；同时在国际社会发挥自身的优势，以多种方式支持国家参与全球治理。

（4）有维护国家安全的义务。澳门基本法第23条规定了中国公民应当履行维护国家安全的义务，不能有任何叛国、分裂国家、煽动叛乱、颠覆中央人民政府及窃取国家机密的行为。

3. 认同“一国两制”，有利于澳门在国家发展中实现共同发展

“一国两制”的生命力在于共同发展。在“一国两制”下，可以求同存异，取长补短，发挥各自长处，实现共同发展。所谓“共同发展”，主要包括以下几个方面。

（1）保障发展。“一国两制”实现了国家统一，维护了澳门回归后的社会与经济稳定，原有的社会制度获得保护，实行高度自治，澳门居民自己管理澳门，为澳门社会经济发展提供了保障。

（2）互惠发展。“在国家改革开放进程中，港澳所处的地位是独特的，港澳同胞所作出的贡献是重大的，所发挥的作用是不可替代的。”[①]“一国两制”制度，能使内地与澳门充分发挥各自所长，优势互补，相得益彰，在融入国家发展大局中共同壮大，

① 参见《习近平会见香港澳门各界庆祝国家改革开放40周年访问团时的讲话》，载《人民日报》2018年11月12日。

共同发展，从而实现澳门的更好愿景。

四、构成要素之四：认同国家宪法与基本法

宪法是一个国家的根本大法，是国家主权在法律上的集中体现。宪法适用于一国领土范围内的所有地域。我国宪法在我国所有领土内具有最高的法律地位，一切法律、法规都不得与宪法相抵触。基本法是澳门特别行政区的宪制性法律，是根据宪法制定的基本法律，规定了在澳门特别行政区实行的制度和政策，是“一国两制”方针政策的法律化、制度化，为“一国两制”在澳门特别行政区的实践提供了法律保障。澳门特别行政区的各项制度和政策，包括社会制度、经济制度、有关保障居民基本权利和自由的制度、行政管理、立法和司法方面的制度，以及有关的政策，均需要以基本法为依据。是否认同宪法与基本法是国家认同的核心要素。

（一）宪法、基本法与国家认同的关系

宪法与基本法在培育特别行政区居民的国家认同中具有重大的引领作用，充分认识宪法及基本法确认的与特别行政区密切相关的国家观念，必须全面理解宪法、基本法与国家认同之间的关系。

1. 宪法与基本法确认了特区居民主体是中国公民

公民是国家认同的主体，其公民身份是国家认同的起点。宪法第33条第1款规定：“凡具有中华人民共和国国籍的人都是中华人民共和国公民。”澳门基本法第24条第1款规定，“澳门特别行政区居民，简称澳门居民，包括永久性居民和非永久性居民”。特区居民的主体是中国公民，特区绝大多数居民都是中华人民共和国的公民，都在宪法和基本法的保障和约束

之下。

2. 宪法与基本法确认了特别行政区是中华人民共和国的地方行政区

宪法第31条规定："国家在必要时得设立特别行政区。在特别行政区内实行的制度按照具体情况由全国人民代表大会以法律规定。"澳门基本法第12条规定："澳门特别行政区是中华人民共和国的一个享有高度自治权的地方行政区域，直辖于中央人民政府。"特别行政区在法律地位上是单一制国家结构形式下的一个地方行政区域，是单一制国家结构形式下的一个享有高度自治权的地方行政区域，是中央人民政府领导下的地方行政区域。特别行政区不是"独立王国"，而是中华人民共和国中央人民政府直接管辖下的地方行政区域。

3. 宪法与基本法确认了特别行政区的高度自治权来源于中央授权

澳门基本法第2条规定，"中华人民共和国全国人民代表大会授权澳门特别行政区依照本法的规定实行高度自治，享有行政管理权、立法权、独立的司法权和终审权"。第13条规定，"中央人民政府负责管理与澳门特别行政区有关的外交事务。中华人民共和国外交部在澳门设立机构处理外交事务。中央人民政府授权澳门特别行政区依照本法自行处理有关的对外事务"。第20条规定，"澳门特别行政区可享有全国人民代表大会、全国人民代表大会常务委员会或中央人民政府授予的其他权力"。上述规定确认了特别行政区自身不能确定自己的权力范围，也不能自己确定享有的权力内容，它所享有的权力范围和内容只能由中央授予；凡是未经中央授予的权力，特别行政区不能擅自行使，特别行政区不能自行越权行使。

4. 宪法与基本法确认了中央对特别行政区享有直接管治权

根据宪法与基本法中关于中央与特别行政区的关系规定，中央代表国家对特别行政区行使主权，中央对特别行政区直接行使管治权。宪法和基本法规定的特别行政区制度是国家对某些行政区域采取的特殊管理制度。在这一制度下，中央拥有对特别行政区的全面管治权，中央依法履行宪法和基本法赋予的全面管治权和宪制责任，有效管治特别行政区。

5. 宪法与基本法确认了特别行政区主要官员必须效忠特别行政区和国家

澳门基本法不仅规定了特区主要官员必须由在外国无居留权的永久性居民中的中国公民担任，而且在宣誓效忠国家方面作了详细的规定。澳门基本法第 46、57、63、68、72、88、90 条规定，特区行政长官、主要官员、行政会委员、立法会议员及主席和副主席、终审法院院长、检察长，都必须由在外国无居留权的澳门永久性居民中的中国公民担任。第 101 条规定："澳门特别行政区行政长官、主要官员、行政会委员、立法会议员、法官和检察官，必须拥护中华人民共和国澳门特别行政区基本法，尽忠职守，廉洁奉公，效忠中华人民共和国澳门特别行政区，并依法宣誓。"第 102 条规定："澳门特别行政区行政长官、主要官员、立法会主席、终审法院院长、检察长在就职时，除按本法第一百零一条的规定宣誓外，还必须宣誓效忠中华人民共和国。"这是特别行政区对国家认同的重要保障，充分发挥特区官员们在国家认同方面的表率作用，将促进特区全体居民对国家的认同。

（二）宪法与基本法的关系

1. 宪法是制定澳门基本法的法律依据

宪法作为国家根本法的最高法律效力的特点决定了其他任何法律的制定必须以宪法为依据，因此，澳门基本法的制定也必须以宪法为依据。宪法第 31 条规定："国家在必要时得设立特别行政区。在特别行政区内实行的制度按照具体情况由全国人民代表大会以法律规定。”这是制定澳门基本法的主要宪法依据。宪法第62条规定，“全国人民代表大会行使下列职权……（十四）决定特别行政区的设立及其制度……”，这也是制定澳门基本法的主要宪法依据，表明只有全国人民代表大会有权决定设立特别行政区并决定其实行的制度。

2. 澳门基本法是中国宪法“一个国家、两种制度”方针和特别行政区制度在法律上的具体化

宪法第31条奠定了设立特别行政区的法律基础，体现了“一个国家、两种制度”的方针，但是使宪法的这一规定具体化、法律化的任务必须有其他法律来具体完成，香港、澳门基本法的制定使这一制度具体化得以实现。澳门基本法是将宪法规定的原则和我国对澳门的基本方针政策从法律上更加全面具体化的体现。

（三）对宪法和基本法的认同是澳门居民国家认同的核心要素

1. 对宪法的认同有助于澳门居民对国情的认识和理解

国家认同首先要建立在国情认识和理解的基础上。国情通常是指国家的社会性质、政治制度、经济体制、意识形态、地理疆域、历史传统、文化精神、民族构成等各方面的基本情况，而这些基本情况往往集中反映在作为国家根本法的宪法里，[①] 学习和理解宪法有助于澳门居民充分、全面地认识和理解中国的国情，只有理解中国国情才能更好地理解两地的差异，更好地理解“一国两制”的伟大创举，更好地促进国家认同。

2. 对宪法与基本法的认同、尊重和遵守是澳门居民对国家认同在法治上的体现

宪法和依据宪法与“一国两制”原则制定的基本法，对宪法

---

① 王禹：《国家认同与宪法意识》，载《宪法意识与“一国两制”实践（学术研讨会论文集）》，澳门理工学院“一国两制”研究中心，2015年，第52页。

适用于特区的条款作了原则性的界定，对其他法律在澳门的适用作了规定。毋庸置疑，宪法作为国家的根本法，效力及于一国领土范围内的所有地域，宪法的效力从整体上说也及于澳门特别行政区，特别是有关国家主权、国防、外交、最高国家权力机关和最高国家行政机关、国旗、国徽、首都等规定，更是直接适用于特区。[①] 澳门居民对宪法中国家主权、国防、外交、最高国家权力机关和最高国家行政机关、国旗、国徽、首都等规定的认同、尊重和遵守，是国家认同行为的具体表现，是国家认同在法治上的体现。

3. 对基本法的认同是澳门居民对国家认同的支撑和联结纽带

澳门基本法是保障澳门居民权利的基本法律。基本法确认居民资格，保障居民选举权，保障居民言论、新闻出版、结社、集会、游行示威、参加工会和罢工权利，保护人身自由、人格权和隐私权、住宅不受侵犯、通信自由、信仰自由、出入境自由、择业自由等。澳门政府应遵循基本法依法行政，改善经济与民生，创造物质条件、丰富文化生活、营造良好社会环境等，具体落实居民权利的实现，提高居民权益，并能依法办事，维护居民权利。基本法也是司法公正的保障，根据基本法，澳门特别行政区享有独立的司法权和终审权。澳门特别行政区法院除继续保持澳门原有法律制度和原则对法院审判权所作的限制外，对澳门特别行政区所有的案件均有审判权。基本法奠定了澳门居民权利保障的坚实基础，规范了澳门政府的依法行政，保障了澳门特区的司法公正，对基本法的认同构成澳门居民国家认同的支撑和联结纽带。

---

① 肖蔚云主编：《一国两制与香港基本法律制度》，北京大学出版社 1990 年版，第 94 页。

五、构成要素之五：认同中央政府的全面管治权

中央对特别行政区的全面管治权，是指中央拥有对特别行政区事务全面的管辖和治理权，既包括中央直接行使的权力，也包括授权特别行政区依法实行高度的自治权以及中央对特区行使高度自治权的监督权。国务院新闻办公室2014年6月发布的《“一国两制”在香港特别行政区的实践》白皮书中明确指出：在宪法和特别行政区基本法规定的特别行政区制度下，中央拥有对特别行政区的全面管治权。

（一）中央政府全面管治权的基本内涵

中央政府对特别行政区享有的管治权来源于国家的主权统一，国家主权不可分割，不从属于外来意志和不可侵犯。此前由于历史原因，中央政府虽然名义上拥有对港澳地区的主权所有权，却丧失了对它们的主权行使权。中华人民共和国中央政府在对港澳恢复行使主权后，实现了国家主权所有权和主权行使权的统一。

中央对特别行政区的全面管治权具有明确的法律依据。宪法第31条规定：“国家在必要时得设立特别行政区。在特别行政区内实行的制度按照具体情况由全国人民代表大会以法律规定。”《中葡联合声明》中明确，澳门地区（包括澳门半岛、氹仔岛和路环岛，以下称澳门）是中国领土，中华人民共和国政府将于1999年12月20日对澳门恢复行使主权。澳门基本法第2条、第13条第3款及第20条，规定了澳门特别行政区的权力来源及内容。

中央政府对特别行政区的全面管治权可具体分为以下几个类型。[①]

1. 中央对特别行政区的直接管治权

中央对特别行政区的直接管治权，是指由中央直接拥有和行使的对特别行政区事务进行管治的权力。主要包括以下 6 个方面。

（1）对特别行政区和特别行政区基本法的创制权。根据宪法规定，全国人大有权决定澳门特别行政区的设立，制定基本法并规定在特别行政区施行。

（2）对基本法及其他法律的修改权、解释权。全国人大有权修改基本法，全国人大常委会有权解释基本法，有权决定对特别行政区行政长官产生办法和立法会产生办法进行修改。

（3）对特别行政区实行紧急状态的决定权。全国人大常委会有权因特别行政区发生不能控制的危及国家统一或安全的动乱而决定特别行政区进入紧急状态。

（4）对行政官员的任命、指令权。中央政府有权任命行政长官和主要官员、向行政长官发出指令。

（5）依法管理与特别行政区有关的外交事务的权力。中央政府拥有依法管理特别行政区有关的外交事务的权力，外交部在特别行政区设立机构处理外交事务。

（6）负责管理特别行政区的防务权力。中央政府负责管理特别行政区防务，中央军事委员会领导特区驻军，具体履行防务职责。

2. 中央对特别行政区高度自治权的授予权

特别行政区是直辖于中央政府的拥有高度自治权的地方行政

① 李元起：《中央对特别行政区全面管治权的依据、类型及特点》，载《中央与特别行政区关系规范化（学术研论会论文集）》，澳门理工学院“一国两制”研究中心，2017 年，第 8—10 页。

区域，其拥有的高度自治权，不是其固有的权力，也不是其与中央分权取得的权力，而是中央基于国家整体利益和国家对特区管治需要而授予特别行政区的，是来自中央政府的依法授权。中央对特别行政区自治权的授予权既是中央对特别行政区全面管治权的重要组成，也是中央对特别行政区实行全面管治的前提，也是贯彻和执行“一国两制”方针的体现。

3. 中央对特别行政区高度自治权行使的监督权

特别行政区自治权是在中央拥有国家主权统一的前提下，由中央以特定基本法的形式授予特别行政区的有条件的地方事务自治权。中央对特别行政区高度自治权行使监督权，是特别行政区直辖于中央政府、中央统一领导地方区域的应有之义。为维护国家主权统一、维护内地与特区的共同繁荣，维护“一国两制”方针的实施，中央必然要对特别行政区高度自治权行使有效的监督。这种监督权范围广泛、形式多样，全国人大常委会对特别行政区立法会制定的法律进行审查的权力，对基本法解释的权力，中央听取特别行政区行政长官工作汇报、任命特别行政区高级官员的权力，全国人大常委会在必要时决定特别行政区实行紧急状态的权力，全国人大在必要时修改基本法的权力等，都是中央直接或间接对特别行政区高度自治权进行监督的重要体现。

（二）中央政府全面管治权与特区高度自治权的关系

1. 从性质上看，主权派生了治权，治权是行使主权的表现，全面管治权是国家行使主权与治权的体现，也是制度层面可部分转移的权力

管治权代表中央对特别行政区享有基于主权的统治、治理权力，是“全面的”而且“唯一的”管治权行使，即在立法、行政、司法等各领域的针对行政区域内一切人和事的治权。高度自治权是特区依据基本法规定所享有的行政管理权、立法权、独立

司法权和终审权。“主权是全面管治权的法理基础和合法性依据，全面管治权是主权的行使方式和实现途径。主权体现的是抽象意义上的国家最高权威，而管治权则是制度层面的具体权力，前者不可分割，后者则可转移。”①

2. 从权力关系来看，中央全面管治权和特区高度自治权是“授权”与“被授权”的关系

宪法第31条规定，“国家在必要时得设立特别行政区。在特别行政区内实行的制度按照具体情况由全国人民代表大会以法律规定”。宪法明确规定中央的主权和治权，即中央拥有对澳门特区的全面管治权，既包括中央直接行使的权力，也规定了中央可以根据宪法授予特区高度自治权，即授权澳门特区依法实行高度自治。基本法序言中则规定，“根据中华人民共和国宪法，全国人民代表大会特制定中华人民共和国澳门特别行政区基本法，规定澳门特别行政区实行的制度，以保障国家对澳门的基本方针政策的实施”。基本法再次明确，澳门特区行政、立法、司法机构的职权均来自中央的授权，及中央对于澳门的高度自治权具有监督权。

3. 中央全面管治权和特区高度自治权有机结合于“一国两制”方针的实施

2017年10月，习近平总书记在中共十九大报告中指出：“必须把维护中央对香港、澳门特别行政区全面管治权和保障特别行政区高度自治权有机结合起来，确保‘一国两制’方针不会变、不动摇，确保‘一国两制’实践不变形、不走样。”这一论述，明确指出了“一国两制”方针是中央全面管治权与特区高度自治权结合的政治基础，两者的有机结合，是“一国两制”实施的关

① 邓莉、杜承铭：《“一国两制”下中央对特别行政区全面管治权之释义分析——兼论全面管治权与高度自治权的关系》，载《吉首大学学报（社会科学版）》2018年第5期。

键。中央全面管治权与特区高度自治权的有机结合，除了政治基础外，还有共同的法律基础，中央全面管治权和特区高度自治权，均来自宪法和基本法的规定。宪法和基本法是中央全面管治权和特区高度自治权的法律来源。因此，中央全面管治权与特区高度自治权均应在法律的框架下，在“一国两制”制度实施中有机结合地行使。

（三）认同“中央政府全面管治权”是澳门居民国家认同的重要保障要素

1. 认同“中央政府管治权”是国家统一主权具体落实的保障

国家主权以主权所有权和主权行使权为基本组成，主权统一指主权所有权和主权行使权统一，两者不能分离。澳门回归后，中华人民共和国中央政府在澳门恢复行使主权，实现国家主权的统一。澳门居民对中央政府管治的认同是保障国家统一主权具体落实的措施。不认同中央政府管治权，国家认同也无从谈起。

2. 认同“中央政府全面管治权”，是宪法与基本法在特区有效实施的保障

依法治国是我国治国的基本方略。中央对特别行政区的管辖与治理，是国家管治的重要组成部分之一，必须依法进行。宪法作为国家的根本大法，在包括特别行政区在内的中国领土范围内，具有最高法律地位和最高法律效力，港澳基本法及港澳特区均是依据宪法的规定得以制定与建立，中央对特别行政区拥有全面的管治权是依法取得的，认同中央管治权是宪法认同的必然结果。基本法作为特别行政区的基本法律，与宪法共同构成特别行政区的宪制基础，基本法规定了中央对特别行政区高度自治权的授予权和对自治权行使的监督权等，准确地界定了中央和特别行政区的法律地位，认同中央全面管治权与认同基本法是完全统一的。

3. 认同“中央政府全面管治权”是“一国两制”政策行稳致远的保障

国家对港澳回归行使主权后，实行“一国两制”政策，必须把维护中央对港澳特区全面管治权和保障特区高度自治权有机结合起来，才能确保“一国两制”方针不会变、不动摇，确保“一国两制”实践不变形、不走样。[①]“一国两制”实践中，不能只强调特区高度自治权而不强调中央依法拥有的全面管治权。中央实际有效行使对特区的管治权，是一条不可逾越的主权行使底线，任何否定、限制、排除中央管治权的行为，即是对“一国两制”政策的违反。作为特区居民，必须认识到，认同“中央政府全面管治权”，是“一国两制”政策行稳致远的保障。

第三节　研究澳门居民国家认同感的意义

什么是认同感，什么是国家认同感，什么是澳门居民的国家认同感？国家认同感的概念、性质、特征、内涵是什么？澳门居民国家认同感的构成要素有哪些？澳门居民国家认同感的具体状况如何？为何人们普遍认为澳门居民国家认同感比较高，其原因何在？这些是我们研究澳门居民国家认同感问题的主要出发点与落脚点，也是研究澳门居民国家认同感问题的一般意义所在。

然而，作为研究的对象，澳门居民国家认同感问题的意义还不止于此，我们认为除了上面所述的一般意义外，还有某些特殊意义所在。正因为有其特殊意义，所以就不能就事论事，而必须就事论据，就事论理；正因为有其特殊意义，所以就不能浅尝辄止，而是

① 《决胜全面建成小康社会　夺取新时代中国特色社会主义伟大胜利——在中国共产党第十九次全国代表大会上的报告》，载《人民日报》2017 年 10 月 18 日。

要刨根问底。不但要研究“是什么”“有什么”，更要研究“为什么”“要什么”。所谓“要什么”，便是研究此课题意欲何为，试图达到何种目的？这便是研究本课题的特殊意义所在。我们认为，简言之，研究澳门居民国家认同感问题，至少具有以下3个方面的特殊意义：对澳门特区进一步增进国家认同感有一定的促进意义；对香港特区认清并增进国家认同感有一定的启迪意义；对台湾地区爱国同胞凝聚人心、形塑国家认同感有一定的示范意义。

一、对澳门特区提升澳门居民国家认同感具有促进意义

众所周知，港澳地区回归祖国20多年来的实践已经证明，“一国两制”在港澳特别行政区都取得了巨大的成绩，获得了巨大的成功。相比较而言，澳门特别行政区在贯彻“一国两制”基本方略方面，在学习宣传和贯彻宪法和基本法、维护国家安全和地区和谐稳定、维护社会发展稳定等方面，特别是在国家认同感方面，的确明显比香港特别行政区表现得好，而且好得多。多年来两个特区各方主体所作的社会调查结果表明，澳门居民的整体国家认同度不仅明显超过香港居民的国家认同度，而且这种认同度还在逐年稳步上升中。习近平主席在庆祝澳门回归15周年大会暨澳门特别行政区第四届政府就职典礼上的讲话中指出：“澳门同胞对国家的认同感和向心力不断加强，血浓于水的民族感情不断升华，爱国爱澳成为社会主流价值观。”

那么为何澳门居民国家认同感一直处于高企并平稳上升状态呢？这是需要我们认真加以研究的。为此，本课题组进行跟踪式的调查研究，进行实时实况的人物访问，尽可能广泛而深入地召开各界人士座谈会，精心设计问卷调查表，并定时随机征求各种意见建议。此外，还通过街头巷尾随机对话、计程车司机的话

语、与入住酒店工作人员的交流，获得大量相关的信息。我们认为，这样深入调查访谈过程与结果会比较客观、理性、公正、真实。

尽管澳门居民的总体国家认同感比较好，认同度相当高，但通过全面而充分的调查总会发现一些不足之处，存在一些令人遗憾的现象，出现一些有待解决的问题。对此，澳门社会各方主体又是什么看法，有何良方善策予以破解呢？通过调研，课题组又能提出怎样的应对策与措施呢？特区政府及其官员、社会团体及其成员、广大澳门居民，在过去 20 多年来共同治理澳门社会、增强国家认同感方面采取了哪些合理合法的措施、哪些措施是得当的、哪些做法是失当的呢？据此确认，哪些政策与措施是值得继续保留坚持的，哪些举措需加以改善并优化的，哪些法律法规是需要修改、废除、制定的，哪些民生问题是需要更多关注并予以解决的，哪些社会群体是需要给予特殊对待的？总之，在增进澳门居民国家认同感方面是有诸多问题值得注意或亟须解决的。通过调研发现问题，提出解决问题的建议和意见，无疑对中央政府优化依法管治澳门特区，对澳门特区政府优化依法治理澳门地区，对澳门众多社会团体特别是历史悠久、实力不凡、影响巨大的爱国爱澳社团强化并优化参与澳门社会的共治，对澳门居民如何依法参与澳门治理与管理，从而稳固并进一步提升澳门居民国家意识、国家观念和国家认同感，均有一定的积极促进意义。

二、对香港特区增进香港居民国家认同感具有启迪意义

同澳门一样，香港特区政府和社会力量在培育香港居民国家认同感方面也做了大量工作，并收到较好的效果。时任香港中联办主任彭清华在 2009 年纪念香港回归 12 周年的文章中指出：

“香港一家民意调查机构的调查显示，1997 年香港回归时，青少年中自认是中国人的仅四五成，但现在这个比例已达到八九成。”“84% 受访学生以身为中国人感到自豪，这反映了香港青少年对国家的认同感有了明显的改观。”①

然而，同澳门特区相比，不得不承认，香港特区居民的国家认同感指数相对较低，而且一直处于上下波动的不稳定状态中。值得注意的是，近几年来，香港特区居民整体国家认同感，特别是青少年的国家认同感呈下降态势。

究其原因，无非是主客观两方面的因素所致。客观上看，澳门社会安全和谐，具有比较良好的社会氛围。而香港社会比较复杂，特别是在某些西方反华势力的怂恿与赞助下，一些所谓“民主派”“反对派”对“一国两制”一直存有芥蒂，甚至“逢府必闹”“逢中必反”，还发起“占中”等一连串违法事件，使特区政府一系列依法治港决策与措施执行艰难。他们甚至还以所谓“拉布”行为等严重阻挠立法会正常活动，使正常的立法活动举步维艰。特别是最近发生的所谓反对修改“逃犯条例”的“反修例”的游行示威，有恃无恐，变本加厉，发展到一系列惨无人道的大规模暴力行动。这是对香港社会法治秩序的极大破坏，对香港居民正常生活的极大破坏，进一步撕裂了香港特区的社会关系，蛊惑了一大批青少年学生，并搅乱了青少年学生不成熟的思想意识，导致了青少年学生与一般居民的不端行为。在这样的社会氛围环境下，原有的爱国爱港力量的整体国家认同感被冲击，这是令人痛心的。

从主体因素看，香港特区政府在治理能力、政策和措施等方面尚有改进和提高之处。澳门特区以人为本、固本培元的治理理念与政策措施，爱国社团的团结互助、社会共治，爱国爱澳优良

---

① 彭清华：《香港人心在回归》，载《镜报月刊》2009 年 11 月，第 48 页。

传统根深蒂固，社会氛围安定祥和，这一切都是值得香港特区借鉴的。可能有人对此持有异议，甚至不屑一顾。但是我们认为，平心而论，随着调研活动的逐步深入，越来越多的事实进一步印证了课题组调研的预判：澳门居民国家认同感指数，将会在历年统计基础上有所提升，其许多成功经验值得同为国家特别行政区的香港特区关注与重视。比如，澳门特区在如何掌控教育权、特别是高等教育权和新闻舆论权方面的做法，就值得香港特区参考和借鉴。

（一）主动掌握高等教育治理权

教师是灵魂工程师，学校是学生修炼灵魂的熔炉。澳门爱国爱澳社团和特区政府清醒地认识到，要培育澳门居民国家认同感，必须主动掌握高等教育治理权。据课题组的调查与概括，澳门特区政府和爱国爱澳力量是以“七管齐下”的措施来掌握高等教育治理权的。

1. 掌握好高教资源

早在回归前的 1988 年，澳门基金会出巨资收购了由香港、澳门、东南亚等地人士黄景强、胡百熙、吴毓璘于 1983 年 3 月 28 日创办的澳门首所现代大学——东亚大学，并于 1991 年将该校主体正式更名为公立澳门大学，将该校的理工学院改为与澳门大学同一性质的公立理工学院。这样一来，回归后的特区政府就掌握了高教资源，形成了以公立为主体的澳门高等教育体系。

2. 掌握好高校校长遴选工作

回归前，澳门大学虽属公立大学，但校长是由校董会按照学术水准直接聘任的。回归后，校董会在选聘校长时不仅注重其学术水准和治校能力，而且还注重其思想品德修养。同时还要报特区政府审核。审核合格后，由行政长官任命。例如，澳门大学的前任校长赵伟和现任校长宋永华，不但学术水准高超，而且是“一国两制”的杰出拥护者和爱国爱澳的优秀标杆。

3. 掌握好专业建设

据调查，澳门现有10所大学，其中，公立4所、私立6所，共设有272个专业。为了掌握好专业建设，除澳门大学外，其他9所高校的专业设置均须取得澳门政府批准。特别是近年来澳门高校的3个重点研究中心，即“一国两制”研究中心、中西文化研究中心、宪法和基本法研究中心，均设在由特区政府直接掌控的公立理工学院和澳门大学。

4. 掌握好教材建设

为加强宪制性法律的教育，2018年特区政府教育行政部门组织澳门7所高校编写澳门《宪法与基本法教育示范大纲》，并于2018年12月发给各高校讨论，争取2020年在教学中使用。此外，为培育中小学生的中华民族情怀，特区政府教育部门与人民出版社联合编写出版了中小学《品德与公民》教材。迄今，小学一年级至高中三年级的《品德与公民》教材，已全部出版，并在教学中逐步推广使用。

5. 掌握好学生思想教育工作

澳门特区政府教育行政部门对学生的思想教育工作十分重视，教育方法也非常生动活泼。这种寓教育于各种活动中的教育方法深受学生欢迎。主要的教育方法有：“我与宪法”微电影创作比赛，与驻澳部队合办军事体验课，组织学生参观北京、上海以及粤港澳大湾区等，帮助学生了解祖国厚重的优秀文化和经济蓬勃发展的生动场景。为了落实国旗法的实施，增强学生的爱国情怀，2018年6月1日，澳门特区政府以行政法规的形式规定每所学校必须升国旗、唱国歌，如因受场地限制无法升国旗的，则以在学校有线电视中播放升国旗的视频方法来替代。澳门特区政府特别重视做好到台湾地区学习的学生的思想工作，教育部门成立了向他们宣传正能量的学生社团组织。迄今，这种社团已成立了23个，成为赴台湾地区学生的第二个家。

6. 掌握好教育主管机构建设

为了适应高教事业的迅速发展和精细化服务与管理需要，澳门特区政府加强了教育行政管理机构的组织建设，于 2018 年将原来的高教办升格为高教局，内设 4 个厅 8 个处，人员编制从原来的 30 人扩编为 100 多人。

7. 掌握好高等教育法制建设

为依法掌握好高教权，澳门从 2017 年起将行之有效的实践经验上升为法律或行政法规。截至目前，在高教方面，澳门已相继颁布实施的相关法律和行政法规主要有：《高等教育制度》(2017 年第 10 号法律)、《高等教育委员会》(2018 年第 15 号行政法规)、《高等教育基金会》(2018 年第 16 号行政法规)、《高等教育素质评鉴制度 》(2018 年第 17 号行政法规)、《高等教育规章》(2018 年第 18 号行政法规)、《高等教育学分制度》(2018 年第 19 号行政法规)《高等教育局的组织及运作》(2019 年第一号行政法规，有 4 章 24 条，2019 年 2 月 21 日生效)。另外，新高教法以及与之配套的行政法规，已于 2018 年 8 月 8 日同步生效。

（二）主动掌控好舆论权

为了更好地体现和维护中央政府对澳门特别行政区行使主权，澳门特区政府必须主动掌控好新闻舆论阵地。否则，舆论发生方向性偏差，人心就会动摇，社会就会不稳，主权也难以维护。我们认为，澳门特区政府以下做法也是值得香港特区借鉴的。

1. 管控好主流媒体

在澳门，主流媒体是日发行量为 10 万多份的《澳门日报》(以澳门现行 65 万人口计算，约每 6 人就有一份《澳门日报》)。值得欣喜的是，回归前，《澳门日报》实际上就由爱国爱澳力量所掌控，回归后，《澳门日报》则由特区政府文化教育司直接领导和管理，从而为正确的舆论引导创设了良好的媒体资源。

2. 选配好传媒“将帅”

报社的社长或总编辑是报社的“将帅”，他们是办好报纸的关键人物，因此，一定要选配有高度爱国爱澳情怀、熟知宪法和基本法精神实质、新闻业务知识渊博的人士来担任。为此，澳门回归后，特区政府就聘请澳门基本法起草委员会的澳门籍委员、全国人大常委会基本法委员会副主任李俊成先生为社长兼总编辑，目前又请澳门特区全国人大代表陆波担任社长兼总编辑。这样，就能把控好舆论的大方向，就能坚守正确的舆论导向。

3. 正确引导舆论

在澳门，除了《澳门日报》主流媒体外，还有 18 家日报和 20 家周报、期刊。对于众多的自由媒体，澳门特区政府经常通过与爱国爱澳的自由媒体负责人广交朋友等形式来沟通报道思想，并请社会名流抢先撰写和发表重要评论等方法来引导舆论。

4. 积极接好“天线”

这是指主动与中央电视台结好对子，并定期派人前往中央电视台等中央媒体进修，这不仅有利于提高进修者的新闻业务水平，而且也有利于提高进修者的政策水准。目前，澳门不仅与中央电视台等中央媒体建立了牢固的业务协作关系，而且中央电视台的 1 频道、4 频道已在澳门落地。澳门居民不但能“秀才不出门，能知天下事”，而且在享受高大上的优质舆论服务的同时，使自己的情感较快地融入国家发展大局，做心系祖国、放眼世界的人。

5. 及时“拨乱扶正”

不可否认，在新闻自由的澳门，有时也会出现与主流媒体不协调的声音。针对这种情况，澳门特区有关部门及时组稿在主流媒体上发表，及时“拨乱扶正”，澄清视听，不让流言蜚语迷惑人。

当然，澳门特区政府培育澳门居民国家认同的措施还有很多。他山之石，可以攻玉。尽管与澳门特区相比，香港特区体量较大、人口众多、经济发达、金融市场居首、教育资源丰富且世界排名靠前，在诸多方面具有一定的比较优势。但是，我们认为，澳门特区政府牢牢掌握好高教权，以优秀的中华文化修炼学生身心，牢牢掌控好舆论权，以正确舆论引导人，从而使澳门成为气正人和、社会稳定的世界旅游休闲中心，对香港特区如何提升居民国家认同感是有一定启迪意义的。

三、对台湾地区爱国力量培育台湾居民国家认同感具有示范意义

国家提出“一国两制”方针的初心是用和平方式实现两岸统一，由于港澳各方面条件较为成熟而先在港澳实践。20 多年来，港澳实践“一国两制”方针取得了举世公认的巨大成功。其中，特别是澳门特区在培育和提升居民国家认同感方面取得的开创性的成功，其实践经验不仅对同为特别行政区地位的香港特区有所启迪，即使对于未来实现统一的中国台湾地区来说，也有一定的示范意义。

尽管两岸统一还有相当长的路要走。但可喜的是，自香港、澳门回归祖国以后，海峡两岸人民自然而然地关心起中国台湾地区的问题和如何培育台湾居民的国家认同感问题。虽然形势有反复，但是，总的趋势是逐步向有利于培植台湾居民国家认同感方面发展的。

（一）两岸学者十分关心研究台湾民众的国家认同感问题

厦门大学台湾研究院的著名台湾问题研究专家陈孔立教授于 2008 年在《澳门月刊》发表的《台湾民众政治心理与国家认同》

一文中，从政治认知、政治情感、政治动机和政治态度 4 个方面，深刻阐述中国台湾民众（居民）对国家认同的现状及发展趋势。陈教授强调：“现在台湾民众对大陆的疑虑，担心甚至敌意很大程度上是由于两岸不同的政治制度，也是由于岛内政党反共教育或政治操弄所造成的。但毫无疑问的是，随着大陆经济发展和社会进步，随着两岸人民相互理解和善意互动的增加，台湾民众的政治心理也会随之发生变化。“在台湾，青年一代虽然相对欠缺‘中国人’意识，但同时也没有受到国共斗争和长期反共教育的影响，他们与共产党没有你死我活的对立情绪，都不是天生就仇共的，他们没有上一代的‘悲情意识’，因而不受‘蓝绿’绑架，没有‘本省外省’的区分，不受统独意识形态挟持。这些‘有想象力和创造力，具备可能性和突破性’的青年一代在有机会亲身体验大陆政治生活或者得到更多关于大陆的真实信息后，对于中国大陆会有更多的客观认识。总之，抓住台湾年青一代政治心理构建形成时期，加强两岸青少年的互动，台湾青年可以成为我们今后培养国家认同感的有望人群。”

福建省台湾研究会原秘书长李建敏早于 2001 年就着手研究台湾居民支持“一国两制”和台湾居民国家认同感的问题。他在香港特区《中国评论》发表的研究报告中写道：“自 2001 年 3 月以来，台湾多家机构针对‘一国两制’进行民意调查，今年 7 月第 8 次民意调查显示，台湾居民支持‘一国两制’的比例相差很大，最低的只有 10.6%，最高的达到 47%，但多数结果显示，台湾民众支持‘一国两制’主张的比例正呈现大幅攀升的态势。”原因是“港澳模式的示范作用”。他说：“香港、澳门回归后实行了‘港人治港’‘澳人治澳’，中央政府严格按基本法办事，特别行政区有高度自治权，人心安定，社会平稳。近年来，通过港澳地区回到大陆探亲、旅游、经商的台湾民众越来越多，他们亲眼看到香港、澳门在实行‘一国两制’后，继续保持了繁荣、稳定，逐渐认识到共产党说话是算数的，实行‘一国两制’长期不变是有法律保障的。越来越多的台湾民众开始逐步认识到‘台独’是一条走不通的死胡同，不但中国大陆坚决反对，国际上也不支持。因此，越来越多的台湾民众愿意对‘一国两制’方案认真加以考虑。”

时任中国统一联盟副主席的纪欣女士，在 2008 年撰写的论文中写道：“‘一国两制’在澳门特区的实践成功，对台湾爱国统一力量具有‘重要的示范作用’”；“澳门回归以来，几乎所有澳门民众及世界各地都同意澳门的‘一国两制’十分成功。香港中文大学民调中心多次就港澳两地民众对于‘一国两制’及特区政府表现的评价进行民调，发现对澳门人的评价比港人高出不少。具体而言，澳门回归 8 年多，有以下几点显著的进步：（1）依法行政；（2）经济持续转好；（3）旅游业发展迅速；（4）社会生活稳定；（5）澳门的国际影响力提高”；“实践证明，澳门的中国人不但能够治理好澳门，也能使澳门更加繁荣进步。”①

（二）台湾民众的国家意识有所增强

这可以从 2018 年中国台湾地区所谓“九合一”选举中得到证明。据报载，这次选举要产生 22 个县市长、议员以及乡镇长、村里长等。据台湾当局选务主管机关的票数统计，在 22 个县市长中，中国国民党获 15 席、民进党获 6 席，另有 1 席为无党籍。国台办发言人马晓光表示，这一选举结果反映了广大台湾民众希望继续分享两岸关系和平发展“红利”，希望改善经济民生的强烈愿望。我们将继续坚持“九二共识”，坚决反对“台独”分裂势力及其活动，团结广大台湾同胞，走两岸关系和平发展的道路。在对两岸关系性质、两岸城市交流性质有正

① 纪欣：《澳门基本法的实践和中国的完全统一》，载《澳门基本法正确理解和实践》，澳门基本法推广协会，2008 年，第 164—165 页。

确认知的基础上，我们欢迎台湾更多县市参与两岸城市交流合作。台湾居民逐步靠向“九二共识”的利好消息，对培养其国家同认感是非常有利的。

（三）中央领导有关讲话有利于台湾同胞培植国家认同感

20 多年前，江泽民同志在澳门政权交接仪式上指出：“‘一国两制’在香港、澳门的实践，已经并继续为我们最终解决台湾问题发挥重要示范作用。”2019 年 1 月 2 日，中共中央总书记、国家主席习近平在《告台湾同胞书》发表 40 周年纪念会上的重要讲话，全面深刻阐述了祖国和平统一的“五点主张”，即从“统一目标、统一实践、统一前景、统一基础、统一认同”5 个方面作了重要论述，清晰地描绘了和平统一的方略和蓝图，提出探索“两制”台湾方案的政治倡议，在台湾引发热烈反响。台湾媒体普遍认为习近平主席的重要讲话标志着大陆正式启动两岸统一的具体进程，进一步指明和平统一的方向，意义非凡。我们深信，在中国共产党的坚强领导下，在两岸爱国同胞的共同努力下，台湾爱国统一力量有香港、澳门“一国两制”实践成功的示范，用“一国两制”的“台湾方案”来“解决台湾问题，实现祖国完全统一”的目标，一定能够实现。而澳门特区比较浓厚的国家认同感状况，对台湾爱国同胞不无一定的示范意义。

为使台湾居民更直观地了解澳门在实践“一国两制”方面取得的丰硕成就，正如本课题研究报告对策措施中指出的，我们如果在澳门筹建一座“‘一国两制’在澳门成功实践展示中心”，将会对人们进一步了解“一国两制”的内涵、形成和意义有所帮助，也将对正确认识台湾实行“一国两制”的必要性、正当性和可行性有所帮助。由此，对培植台湾同胞的国家认同感也必有帮助。

第二章　澳门居民国家认同感现状与简析[①]

公民的国家认同，是现代国家得以存在和延续的重要条件。国家认同感，是公民个人或某一群体对国家出于内心的认可和愿意作为其一员的肯定态度。作为直辖于中央的特别行政区，澳门特殊的历史条件和人口状况，使得其居民对国家的认同问题更为值得关注。居民对国家的认同，是“一国两制”方略和特别行政区制度行稳致远的基础所在，是其生命与活力的重要来源。澳门居民的国家认同感是一个历史性现象，但其客观现状却是推行“一国两制”方略和澳门施政治理的基本依据。不唯如此，对澳门居民国家认同感现状的总体认知和深入分析，对与澳门历史相近、宪法地位相同的其他地区也有着不可替代的启发借鉴意义。

为全面正确反映澳门居民国家认同感现状，我们从“关于国家观念的认同”“关于‘一国两制’的认同”“关于宪法和基本法的认同”“关于中央全面管治权和特区高度自治权的认同”“关于国家认同现状的意见与建议”5 个方面展开问卷调查。为更具体了解澳门居民国家认同感现状，并便于受访者作答，我们又将上述 5 个方面问题进一步细化为 25 个小问题。受访居民可对前 24 道小题从“A. 完全同意”“B. 同意”“C. 基本同意”“D. 不同意”“E. 完全不同意”“F. 不知道”6 个选项中任意选择作答；

① 本章引用的资料见本课题《澳门居民国家认同感情况问卷调查》有关部分。

第25小题，则采用开放式的自由填写方式作答。

调查始于2018年9月。调查共发出1500份问卷：发向澳门大学300份、澳门中华学生联合会200份、澳门工会联合会300份、澳门妇女联合会200份、澳门街坊会联合总会500份。上述几大社团，覆盖了澳门大多数中下层社会公众，代表了澳门社会主流，调查结果具有典型性和可信性。回收问卷共1500份，回收率100%。有效问卷为1463份，占97.53%；废卷37份，占2.47%。其中，废卷原因主要是受访者漏填或错填。

下面，针对澳门居民国家认同感现状，第一节将上述5个方面及其细化了的诸小题的问卷调查情况加以描述和简析；在此基础上，第二节进而对澳门居民国家认同感现状的总体状况进行概括，并对存在问题予以揭示。

第一节　澳门居民国家认同感五个方面的现状

一、澳门居民国家观念的认同现状与简析

国家观念认同，是感性和理性的混合体，既有对公民身份的认同、肯定乃至自豪，也有对国家象征体系的联想、接受和情感激发；既有对中国作为历史文化共同体的肯定、接纳，也有对国家主权及其实际行使的认可和支持。

为方便受访者选择作答，为更具体全面地考察和认知，我们把国家观念认同这一类问题又细分为9个具体问题。对这9个问题回应的得分情况，已制为表1。下面对这9个问题的得分情况进行说明和简析。

表 1　澳门居民国家观念认同感状况　（单位：%）

倾向 程度 / 问题	正面认同				负面认同			不知道
	正面合计	完全同意	同意	基本同意	负面合计	不同意	完全不同意	
1. 具有中国国籍的澳门居民，当然是中国公民	98. 08	52. 49	31. 99	13. 60	1. 57	1. 16	0. 41	0. 34
2. 中国强大了，我作为中国公民感到自豪	96. 11	48. 67	30. 76	16. 68	2. 88	2. 26	0. 62	1. 03
3. 我赞成政府机关、学校和重要公共场所应依法升挂国旗	95. 83	45. 11	34. 38	16. 34	3. 56	2. 67	0. 89	0. 62
4. 我反对一切有损国旗、国徽、国歌的行为	95. 97	49. 83	31. 99	14. 15	2. 66	1. 98	0. 68	1. 37
5. 我拥护全国人大颁布和施行反分裂国家法	92. 41	42. 65	31. 24	18. 52	3. 14	2. 32	0. 82	4. 44
6. 港澳地区应融入国家发展大局，积极参与“一带一路”等建设	95. 83	43. 13	35. 20	17. 50	2. 25	1. 91	0. 34	1. 91
7. 振兴中华的中国梦也是我们澳门居民的梦	92. 55	40. 81	33. 15	18. 59	4. 65	3. 35	1. 30	2. 80

（续表）

倾向程度 问题	正面认同				负面认同			不知道
	正面合计	完全同意	同意	基本同意	负面合计	不同意	完全不同意	
8. 中小学应设立有关国情国史和中国优秀传统文化的课程，以加强爱国主义教育	92.41	39.92	32.26	20.23	5.68	4.72	0.96	1.91
9. 解放军在澳门驻军是行使国家主权的象征	95.62	43.95	34.04	17.63	2.53	2.05	0.48	1.85
平均	94.98	45.17	32.78	17.03	3.21	2.49	0.72	1.81

（一）国家观念认同感方面9个问题得分情况

1. 澳门居民是一种法律身份，是在澳门特别行政区享有居留权的人与澳门特区的一种身份法律关系。但澳门特别行政区不是一个主权国家，澳门居民中的绝大部分具有中国国籍，是中国公民。对于澳门居民中的中国人而言，在认可自己澳门居民这一身份的同时，又认可自己的中国人身份，这是其国家认同的最基本、最起码的内容，也是认同其他要素的前提和基础。

对于“具有中国国籍的澳门居民，当然是中国公民”问题，根据表1可知，正向合计得分为98.08%（以下，各项得分省去百分号），而负向得分则只有1.57。这说明，澳门绝大多数具有中国国籍的居民认可自己是中国人（法律意义），而不具有此种认同的则很少。正向得分中，完全同意、同意、基本同意三项得分分别是52.49、31.99、13.60；负向得分中，不同意和完全不同意分别为1.16和0.41；不知道项下得分为0.34。

2. 对于国家的认同，在认可自己公民身份的基础上，更高层次的认同应该是觉得自己与国家之间有着浓厚的感情关联，从而时常关心国家的兴亡盛衰并忧乐系之。判断对国家观念的认同，一个重要的标志就是看其是否把自己的感情与国运的起伏紧密联系在一起。具体言之，如果因国家的强大而自豪，那就意味着对国家的认同之情上升到了较高的程度。第2小题为“中国强大了，我作为中国公民感到自豪”，根据表1，为中国强大而感到自豪的比例合计为96.11，持负面意见者合计为2.88。正向得分中，完全同意、同意、基本同意三项得分分别是48.67、30.76、16.68；负向得分中，不同意和完全不同意分别为2.26和0.62；不知道项下得分为1.03。

3. 第3和第4题都和国家象征有关。国家的象征体系以其具体生动、含义丰富的符号系统激发社会成员的联想和感情，在增强和巩固公民和居民对共同体的热爱和尊敬方面有着明显的作用。基于国旗、国徽、国歌的重要意义和庄重性，我国制定了相应的法律，这些法律在香港和澳门特区也是适用的。升挂国旗既是一项展示爱国情感的重要方式，也是一项法律义务。理解国家和国家象征体系之间的关系，就会正确庄重地使用这些象征物，同时对不正确使用的行为加以批评。澳门居民对第3和第4题的回答，显示出高度的理解和认同。

对于第3题“我赞成政府机关、学校和重要公共场所应依法升挂国旗”，正向得分合计为95.83；负向得分为3.56。正向得分中，完全同意、同意、基本同意三项得分分别是45.11、34.38、16.34；负向得分中，不同意和完全不同意分别为2.67和0.89；不知道项下得分为0.62。

4. 对于第4题“我反对一切有损国旗、国徽、国歌的行为”，正向回答三项合计95.97，反向回答两项合计2.66。正向得分中，完全同意、同意、基本同意三项得分分别是 49.83、31.99、14.15；负向得分中，不同意和完全不同意分别为 1.98 和 0.68；不知道项下得分为 1.37。

5. 领土是现代国家的必要构成部分，也是一国人民生存生活的空间和基本物质基础，其在国家政治生活中的重要性是显而易见的。因此，国家往往会在宪法和其他一些法律中针对领土作出专门规定，规定保证领土完整的义务，张扬人们热爱国家的情感。我国宪法在序言中规定："台湾是中华人民共和国的神圣领土的一部分。完成统一祖国的大业是包括台湾同胞在内的全中国人民的神圣职责。"澳门基本法在序言中规定："澳门，包括澳门半岛、氹仔岛和路环岛，自古以来就是中国的领土。"在总则第 1 条规定："澳门特别行政区是中华人民共和国不可分离的部分。"反分裂国家法针对台湾问题的专门规定，是遏制"台独"势力的重要法律武器，对于保障国家统一和领土完整有着特殊的重要意义，是一部重要的宪制性法律。对该法的态度，是国家观念认同的一个重要标志。在对第 5 题"我拥护全国人大颁布和施行反分裂国家法"的回答中，澳门居民的积极态度是明显的。正面回答得分合计 92.41，负面两项回答合计得分 3.14。正向得分中，完全同意、同意、基本同意三项得分分别是 42.65、31.24、18.52；负向得分中，不同意和完全不同意分别为 2.32 和 0.82；不知道项下得分为 4.44。

6. 港澳地区与内地在经济和社会发展方面虽各有特点，但是又有着紧密连接共为一体的深层次联系。问题 6 就是针对这种发展上的紧密联系和战略上的互动协同而设计的："港澳地区应融入国家发展大局，积极参与'一带一路'等建设。"澳门居民在这一问题上的高度赞同，既显示了他们对国家发展的关心、对澳门发展的期望，也显示了他们对国家战略的关注和对内地与澳门共同发展这一规律的认同。对问题 6 的回答中，正面三项总得分为95.83，负面两项合计为2.25。正向得分中，完全同意、同意、基本同意三项得分分别是43.13、35.20、17.50；负向得分中，不同意和完全不同意分别为1.91和0.34；不知道项下得分为1.91。

7. 中国梦是中华民族伟大复兴的梦，也是每个中国人的梦，澳门居民作为中国人民的一部分，也必然会认同和珍惜中国梦。对于问题7“振兴中华的中国梦也是我们澳门居民的梦”正向方面三项合计得分为92.55，回答不同意和完全不同意者合计4.65。正向得分中，完全同意、同意、基本同意三项得分分别是40.81、33.15、18.59；负向得分中，不同意和完全不同意分别为3.35和1.30；不知道项下得分为2.80。

8. 中国是一个现代国家，它所需要的国家认同，出自对其制度的信仰，也出自对其历史文化的热爱和对其国情的认知了解。和很多国家一样，中国也把国情、国史和优秀传统文化教育作为一项重要的教育内容来开展。识别和判断澳门居民对国家认同的高度和深度，其中一个重要的指标，就是看是否对中小学把国情、国史和传统文化教育设立为课程持肯定和积极的态度。问题8即是为此目的而设计的。可以看出，澳门居民的整体态度同样是积极的，正面回答三项总计为92.41，负向回答两项合计为5.68。本题总体得分仍然高居90以上。正向得分中，完全同意、同意、基本同意三项得分分别是39.92、32.26、20.23；负向得分中，不同意和完全不同意分别为4.72和0.96；不知道项下得分为1.91。

9. 一个国家为了生存和安全，为了保障自身主权和领土完整统一，必须具有自己的武装力量。在近现代世界国家体系中，没有自己武装力量的大国是不存在的。在自身所属领土驻军既是主权的标志，也是主权的基本内容之一。为了保障中央人民政府派驻澳门特别行政区负责防务的军队依法履行职责，维护国家的主权、统一、领土完整和澳门的安全，根据宪法和澳门基本法，全国人大常委会制定了澳门特别行政区驻军法。问题9也得到了问卷作答者的高度肯定。针对该问题，正面三项共得分95.62，负方向上两项合计2.53。正向得分中，完全同意、同意、基本同意三项得分分别是43.95、34.04、17.63；负向得分中，不同意和完全不同意分别为2.05和0.48；不知道项下得分为1.85。

（二）国家观念认同感部分的进一步分析

现代国家既是政治法律共同体，又是历史文化共同体；既与民族血缘连续性和代际传承相关，也依赖于一定的法律化了的自然基础，即领土和资源；既是集体性的存在，也有赖于个体的身份认同。本组所考察的9个问题，都是现代国家不可缺少的要素性存在，所谓国家观念认同，大体即是对以上诸要素的认同。

（三）问卷揭示出三个方面的重要信息

第一，问卷反映了澳门居民在国家认同方面的一般状况。澳门居民在前述9个维度的正面得分平均为94.98，负方向回答为3.21，另有1.81回答为不知道。

第二，通过对问卷结果的分析，可以看出，澳门居民的国家观念认同度是比较高的。针对国家观念认同所设计的9道问题所作的回答，正面积极的回应比例均在92%以上，平均得分94.98。

第三，在总分较高的前提下，我们也应看到，澳门居民对每道题的回应是有些不均衡的，有些题目得分更高一些，有些题目得分则较少一些。针对问题1和问题2的回答得分较高，在该组中居于前两位，分别为98.08和96.11，表明具有中国国籍的澳门居民对“我是中国人”的身份认同是深刻牢固的；同时，他们也将自身尊严和荣辱与祖国强大紧紧联系起来，具有“国强我荣”的自觉意识。身份认同和国强我荣的意识紧密相关，所以这两题得分都比较高是可以理解的。

回答得分较低的是第 5、7、8 题。问题 5 的题目为“我拥护全国人大颁布和施行反分裂国家法”，正面回答合计得分为 92.41；问题 7 为“振兴中华的中国梦也是我们澳门居民的梦”，得分是 92.55；问题 8 是“中小学应设立有关国情国史和中国优秀传统文化的课程，以加强爱国主义教育”，得分也是 92.41。这些题目是 9 道题中正面得分最低的 3 个。相应地，回答不同意和完全不同意的两项合计分值，3 道题分别为 3.14、4.65 和 5.68。其中，问题 5 位列第 4，而问题 8 和问题 7 则分别为第 1 和第 2。这证明，澳门部分居民对反分裂国家法不很了解，知晓度不高，对该题目回答不知道的有 4.44，也可证明该法在澳门远没有达到众所周知的程度。问题 7 分数不高，可能是因为澳门居民不清楚“中国梦”具体含义之故。因为问题 2 的高分已经显示，澳门居民把强国和自身荣辱的密切关系理解得很清楚。问题 8 则是一个更加复杂的问题。澳门居民对于作为历史文化共同体的国家存有高度认同，虽经 500 多年曲折历史和沧桑岁月，中国传统文化在澳门仍然有强大生命力；但同时，可能有部分居民对于国情、国史和文化的义务教育心存疑虑，其可能担心失去澳门的独特性。其实只要方式得当，澳门的独特性可以与国民教育并行不悖，甚至相得益彰，相互促进。

二、澳门居民对“一国两制”的认同现状与简析

香港、澳门问题是历史遗留问题，为了恢复对两地行使主权，同时尊重历史和现实情况，保障香港、澳门长期繁荣稳定，中国创造性地提出了“一国两制”的构想并将之付诸实施，而且使之制度化、法律化。对于港澳居民而言，国家认同的感情和态

度，就应该体现在对中国在这些地区恢复行使主权的认可方面，体现在中国人一定能治理好香港和澳门的自信上，体现在“爱国爱港”“爱国爱澳”上，体现在对“一国两制”思想和制度的理解、接受和认同上。

为更具体地了解澳门居民对“一国两制”的认同状况，并便于受访者作答，课题组将问题细化为 4 个小题，顺序为第 10—13 题。澳门居民对这 4 个小题的认同状况，以下结合表 2 予以介绍。

表 2 澳门居民对“一国两制”认同状况 （单位:%）

问题＼倾向／程度	正面认同				负面认同			不知道
	合计	完全同意	同意	基本同意	合计	不同意	完全不同意	
10. “一国两制”是香港澳门回到祖国怀抱的最佳方案	96.18	41.63	36.98	17.57	2.19	1.78	0.41	1.64
11. “一国两制”中的“一国”是“根”是“本”，根深才能叶茂，本固才能枝荣。要坚守“一国”之本，善用“两制”之利	96.31	41.56	36.77	17.98	1.57	1.30	0.27	2.12
12. 澳门回归祖国后，澳门居民享有比历史上任何时候都更加广泛的民主权利和自由	91.93	36.84	34.11	20.98	4.79	3.42	1.37	3.28

（续表）

倾向程度 / 问题	正面认同				负面认同			不知道
	合计	完全同意	同意	基本同意	合计	不同意	完全不同意	
13. “一国两制”“澳人治澳”和高度自治，在澳门的实践取得了举世公认的成功	92.48	37.05	34.45	20.98	4.44	3.21	1.23	3.08
平均	94.23	39.27	35.58	19.38	3.25	2.43	0.82	2.53

（一）“一国两制”认同方面四个问题的得分情况

1. “‘一国两制’是香港澳门回到祖国怀抱的最佳方案。”对这一判断，正面回应三项合计得分为96.18，表明澳门居民对“一国两制”的认同程度很高；回应不同意和完全不同意两项合计2.19，比例是比较低的。正向得分中，完全同意、同意、基本同意三项得分分别是41.63、36.98、17.57；负向得分中，不同意和完全不同意分别为1.78和0.41；不知道项下得分为1.64。

2. “一国两制”的核心就是处理“一国”与“两制”这一对基本关系。必须承认，“一国”与“两制”之间确实有相辅相成的侧面，就是说，为了完成国家的统一，为了真正恢复行使主权，就应该尊重现实，在内地实行的一套制度体系不在港澳实施，允许港澳实施另一套制度。“两制”是为实现“一国”原则的基本措施。如果要更好地促进中国的发展，也必须允许特区实施不同的制度。“一国”与“两制”的关系上，首先要讲两点论，但同时还得讲重点论：内地和港澳两个地区都是一个国家的组成部分，都统属于中华人民共和国中央政府。而且，社会主义的内地在体量和比例上都远远超过港澳，构成国家的主体部分。实践证明，不仅港澳，就是中国周边其他国家和地区的经济发展也都和中国息息相关，内地兴旺发达，港澳的经济才有取之不尽、用之不竭的源头活水。同时，内地是数量最多的华人聚居区，也是中华文化存在、继承和发扬光大之希望所寄的最大主体。因此，“一国”是根本，离开这个根本，“两制”的基础和前提就没有了。必须承认，如无“一国”作为前提和基础，不仅“两制”的特性很难长期保持，特区的治理权属都会有受到威胁甚至丧失的危险。

问题11为“‘一国两制’中的‘一国’是‘根’是‘本’，根深才能叶茂，本固才能枝荣。要坚守‘一国’之本，善用‘两制’之利。”在该题回应中，三项正面回应者占96.31%，其中完全同意和同意两项得分为78.33，本题得分居于本组之冠；负面两项合计得分1.57，在本组中居于最低。正向得分中，完全同意、同意、基本同意三项得分分别是41.56、36.77、17.98；负向得分中，不同意和完全不同意分别为1.30和0.27；不知道项下得分为2.12。

澳门居民不仅对于“一国两制”战略构想和制度本身怀有高度认同感，而且对“一国”与“两制”的应有关系，也是高度肯定和认可的。

3. 中国虽未丧失过对澳门的主权，但回归前，澳门居民在澳门的政治和治理生活中，曾长期处于事实上的二等公民状态。澳门人只有在回到祖国的怀抱后，才真正有了当家作主、享受民主权利的前提条件。澳门基本法对澳门居民的民主权利作了一系列列举，为他们享有和行使民主权利提供了宪制基础，以人权为基本内容的公约在澳门继续有效实施。因此，对问题12“澳门回归祖国后，澳门居民享有比历史上任何时候都更加广泛的民主权利和自由”的判断，得到了高于 90 的得分，这是有其历史基础和现实根据的。该题回答中，正面三项合计总分为 91.93，其中完全同意、同意、基本同意三项得分分别是 36.84、34.11、20.98；负向得分中，不同意和完全不同意分别为 3.42 和 1.37；不知道项下得分为 3.28。

在肯定该题回应基本面的前提下，也应该看到，该题正向得分在该组 4 题中是最低的。负向得分为 4.79，在本组中最高。个中原因，需要我们进一步思考和观察。

4. 问题 13 是针对“‘一国两制’‘澳人治澳’和高度自治，在澳门的实践取得了举世公认的成功”的认同。回归前，澳门治安混乱、经济发展乏力；回归后，澳门坚守“一国”之本，善用“两制”之利，社会安定、治安良好，政治稳步前进，经济快速发展、民生显著改善，人均收入跃居世界前列，居民幸福感大幅提升。这是“一国两制”的指引和实施带来的巨大变化。

从本题回答内容来看，正向方面共得分 92.48，其中完全同意和同意两项得分合计为 71.50。这显示，澳门居民对“一国两制”实践的认同度居于高位。当然，澳门发展方面也有一些不能让人满意之处，如经济结构单一、民生上还有一些问题有待解决等。因此，这一总体正面得分在该组中又显得稍低，反映了现实中不太令人乐观的方面。同时，负面回答中，不同意和完全不同意合计为 4.44，分值在该组中也较高。这是值得关注和思考的。

（二）表 2 揭示了三个方面的重要信息

表 2 显示了澳门居民对“一国两制”认同的总体最新态势。调查显示，澳门居民对该组中 4 道问题的正面得分为 94.23，其中完全同意、同意、基本同意分别为 39.27、35.58、19.38；负面分数为 3.25，其中不同意和完全不同意分别是 2.43 和 0.82；

不知道的回应者为2.53。

表2显示，在该组中，问题10和问题11正面分值较高。“一国两制”所处理的关系重大而基本，既包括中央和特别行政区之间，也包括澳门政府和澳门社会、澳门公民之间，还包括澳门政府各部门之间的种种关系。因此，它的成功实践，是上述有关各方面共同努力的结果。澳门居民对国家的认同问题，在当下就体现为对“一国两制”的认识和情感问题。通过调研可知，澳门居民对“一国两制”的认同度是很高的。在该组中，问题10“‘一国两制’是香港澳门回到祖国怀抱的最佳方案”，认同度高达96.18；问题11“‘一国两制’中的‘一国’是‘根’是‘本’，根深才能叶茂，本固才能枝荣。要坚守‘一国’之本，善用‘两制’之利”，认同度为96.31，居该组最高。

从表2也可看出，在对“一国两制”认同方面，也有一些薄弱的地方。问题12“澳门回归祖国后，澳门居民享有比历史上任何时候都更加广泛的民主权利和自由”所获认同度在该组中最低，为91.93，虽然仍在高位，但还是有明显差距；负向得分4.79，居本组之首。问题13总体得分稍低，负向得分4.44，也属较高。

三、澳门居民对宪法和基本法的认同现状与简析

现代国家既是历史文化共同体，同时也是政治法律共同体，应奉行法治原则。香港和澳门虽然历史和文化与内地有明显差异，经济社会有其鲜明特点，但也必须编织进中国的法律体系中，使其各种社会关系法律化、规范化，并统属于宪法。有鉴于此，我国宪法设立专条，为设立特别行政区及其相应制度提供宪法根据，并且专门为港澳制定各自的基本法。宪法是一个国家的

法律表达，澳门基本法是澳门地位、特性的法律化和各方主体的行为依据。国家认同，势必要求对其法律，尤其是对最重大、最基本的宪制性法律的认同。澳门居民对宪法和基本法的认同，是其国家认同的重要维度。

（一）澳门居民在宪法和基本法认同方面4个问题的得分情况

对此，课题组设定了4个具体题目。澳门居民对这4个题目的认同状况如下（见表3）。

表3 澳门居民对宪法与基本法认同状况 （单位:%）

倾向/程度/问题	正面认同				负面认同			不知道
	合计	完全同意	同意	基本同意	合计	不同意	完全不同意	
14. 澳门基本法是根据国家宪法制定的	95. 96	41. 97	38. 41	15. 58	2. 19	1. 85	0. 34	1. 85
15. 特别行政区基本法是将“一国两制”方针法律化、制度化的基本法律	96. 72	40. 67	39. 51	16. 54	1. 30	0. 96	0. 34	1. 98
16. 国家宪法和澳门基本法共同构成了澳门的宪制基础	96. 11	41. 29	36. 64	18. 18	1. 50	1. 09	0. 41	2. 39
17. 澳门特别行政区要进一步完善法律体系，严格依法施政	96. 44	45. 04	36. 09	15. 31	1. 57	1. 16	0. 41	1. 98
平均	96. 31	42. 24	37. 66	16. 40	1. 64	1. 27	0. 38	2. 05

1. “澳门基本法是根据国家宪法制定的。”宪法和基本法的

源流关系，反映地方和全国及中央的关系，是构成澳门居民国家认同的重要向度。对这一问题的回答中，正面三项合计得分为95.96，完全同意和同意两项共得分为80.38（完全同意为41.97，同意为38.41），基本同意为15.58；负面回应中，不同意为1.85，完全不同意为0.34，合计为2.19；回答不知道的为1.85（见表3）。

2. “一国两制”是借鉴历史智慧的创造性构想，是解决相应历史遗留问题的基本方略，伟大构想和基本方略必须层层进行法制转化，才能成为生动的社会实践和具体的社会现实。这种转化的顺序和层次，首先是宪法，即《中华人民共和国宪法》，因为它是一国之“母法”，其效力既及于全国范围之领土，又是全国一切法律之母、法律之首，是制定其他法律包括基本法律的基础与依据。同时，宪法有关国家、社会与公民的内容只是框架性的宏观规定，还必须转化为相关地区的法律，这就是香港基本法和澳门基本法。就其具体内容而言，基本法相对于宪法就具体多了，它把特别行政区基本社会关系和重大行为原则加以规定，是把“一国两制”方针加以法律化、制度化的最重要的基本法律。为了贯彻“一国两制”，保障香港、澳门的长期繁荣稳定，各方社会主体，包括中央人民政府，也应以宪法和基本法为基本遵循来处理涉港、涉澳问题。

第15题为“特别行政区基本法是将‘一国两制’方针法律化、制度化的基本法律。”该题正面得分亦在高位，正面合计总分为96.72，其中完全同意、同意、基本同意三项得分分别是40.67、39.51、16.54；反方向总体得分为1.30，其中不同意和完全不同意分别为0.96、0.34；不知道为1.98。这显示澳门居民对基本法的基本内容和重要性有很高的知晓度、认知度和接受度。

3. 宪法和基本法在澳门法律体系中居于至高无上的地位，其他任何法律都不得与其相抵触，抵触宪法和基本法的任何法律都是无效的。为了保证澳门法律合乎宪法和基本法，基本法授予全国人大常委会接受澳门立法备案和解释基本法的权力。对宪法和基本法的认同，是对国家认同的必然结果，也是国家认同的重要组成部分。宪法是源，基本法是上游，其他法律是流。因此，“国家宪法和澳门基本法共同构成了澳门的宪制基础”，问题 16 即是这一判断。对此判断，澳门居民回答亦属高度正面，正向合计得分为 96.11，其中，完全同意和同意两项合计得分为 77.93；反向得分合计 1.50。正向得分中，完全同意、同意、基本同意三项得分分别是 41.29、36.64、18.18；负向得分中，不同意和完全不同意分别为 1.09 和 0.41；不知道项下得分为 2.39。

4. 澳门法律在中国宪法之下，以基本法为统领，形成相对独立的亚法律体系，该体系既有专门适用于澳门的法律，也有本属中央法律而同时应适用于澳门特区的。就后一部分而言，主要是涉及国家主权的事项，如领土、国家象征等。澳门特区一个值得称赞的工作是维护国家安全法的制定。由于历史原因，也由于时代发展，还因为实施基本法需要一些特殊的法律，法律体系需要进一步完善。澳门要进一步发展法治，厉行法治，严格依法施政。这是形势的需要，也是社会各界的期望。问题 17 “澳门特别行政区要进一步完善法律体系，严格依法施政”获得了非常积极的回应，回答完全同意项单项得分是本组最高分，为 45.04，完全同意和同意合计得分在本组居首，为 83.13；正面三项合计得分居于第 2 位，为 96.44。负向得分合计为 1.57。细化来看，正向得分中，完全同意、同意、基本同意三项得分分别是 45.04、36.09、15.31；负向得分中，不同意和完全不同意分别为 1.16 和 0.41；不知道项下得分为 1.98。

（二）总体来看，对宪法和基本法认同情况显示

第一，澳门居民对上述 4 题的回应，显示其平均的认同状况：正向得分平均 96.31，其中，完全同意为 42.24、同意为 37.66、基本同意为 16.40；持负面意见者平均分值为 1.64；不知道者为 2.05。

第二，在以上 4 个问题的回答中，认同度最高的是问题 15“特别行政区基本法是将‘一国两制’方针法律化、制度化的基本法律”，高达 96.72；问题 17“澳门特别行政区要进一步完善法律体系，严格依法施政”的认同也高达 96.44。这说明，澳门居民对特区政府工作寄予厚望。

四、澳门居民对中央全面管治权和特区高度自治权的认同现状与简析

“一国两制”和特别行政区制度的一个基本问题是中央和特区的关系。在单一制的国家结构原则之下，中央对其组成部分享有全部管治权，而作为直辖于中央的一级地方行政区域，特区权力来源于中央的授权。因为不同的制度设计和法律安排，中国各种地方行政区域又享有不同程度的自治权。由于特别行政区特殊的历史原因和现实情况，它们在制度设计和法律安排上享有高于其他地方的自治权，这种自治权程度之高，某些方面甚至超过了有些国家的联邦单位。基于上述特殊情况，在理论和实践上如何理解和处理中央全面管治权和特区高度自治权，就成为一个备受关注的问题。这一问题被细化为第 18—21 题 4 个小问题。4 个问题的回答情形简介如下（见表 4）。

表4 澳门居民对中央全面管治权和特区高度自治权认同状况

（单位:%）

问题＼程度＼倾向	正面认同				负面认同			不知道
	合计	完全同意	同意	基本同意	合计	不同意	完全不同意	
18. 中央对澳门全面管治权来自“一国”原则	95.22	40.81	35.75	18.66	2.25	1.57	0.68	2.53
19. 维护中央政府全面管治权和保障澳门特区高度自治权任何时候都不能偏差	96.24	40.05	37.87	18.32	1.91	1.64	0.27	1.85
20. 在实践中，澳门特别行政区坚持了“一国”原则，尊重中央全面管治权	95.70	38.76	38.62	18.32	2.46	1.98	0.48	1.85
21. 在实践中，中央政府尊重了“两制”差异，保障了特别行政区的高度自治权	94.46	38.07	36.84	19.55	3.41	2.73	0.68	2.12
平均	95.41	39.42	37.27	18.71	2.51	1.98	0.53	2.09

（一）对中央全面管治权和特区高度自治权方面四个问题的得分情况

1. 第18题为："中央对澳门全面管治权来自'一国'原则。""一国两制"，"一国"是根是本，是设计和构建"一国两制"的目的与根据。"一国"原则要求中央政府代行主权，在法理上对于特区拥有全面管治权，只是根据具体情况，可以把某些权力甚至很多权力授予作为地方单位的特区。对于此项政治原则和法律要求，澳门居民有着高度认知和肯定。本题正向得分为95.22，其中，完全同意为40.81、同意为35.75、基本同意为18.66；负向合计得分为2.25，其中，不同意为1.57，完全不同意为0.68；不知道为2.53。

2. 全面管治权和高度自治权，虽然享有主体有高下之分，权力归属有源流之别，但两者在现实中却都很重要，不能择取一端而忘记或轻忽另一端。问题19"维护中央政府全面管治权和保障澳门特区高度自治权任何时候都不能偏差"揭示了上述两者之间兼顾和平衡的关系，获得了澳门居民的高度接受和肯定。本题正向共得分为96.24，为本组4题中最高得分，其中，完全同意单项得分为40.05，同意项得分为37.87；负向得分为1.91，其中，不同意为1.64、完全不同意为0.27；回答不知道的为1.85。

3. 对于问题20"在实践中，澳门特别行政区坚持了'一国'原则，尊重中央全面管治权"的回应，正面总计得分为95.70，完全同意单项得分为38.76，同意和基本同意分别为38.62、18.32；负向总得分为2.46，其中，不同意和完全不同意的得分分别是1.98、0.48；回答不知道者为1.85。

4. 对问题21"在实践中，中央政府尊重了'两制'差异，保障了特别行政区的高度自治权"的回答，正向总计得分为94.46，其中，完全同意单项得分为38.07、同意项为36.84，基本同意得分为19.55；负向得分共3.41，其中，不同意为2.73、完全不同意为0.68；不知道者2.12。

（二）该认同方面简析

第一，调查和表4给出了针对4个小题的平均认同状况。澳门居民对本组4个题目的认同平均得分为95.41，包括完全同意的39.42、同意的37.27、基本同意的18.71；负面方向上本组平均得分为2.51，包括不同意的1.98和完全不同意的0.53；回答不知道的为2.09。

第二，调查和表4显示出认同度最高的问题及相关信息。问题19在该组中正向得分最高，为96.24。

第三，调查和表4也显示出认同度最低的题目及相关信息。如果说问题18和问题19说的是政治原则和法律要求的话，问题20和问题21则是相关实践和制度实际运行的状况。虽然正面得分依然居于高位，但实际与理想之间总是有一定差距，因此，后两题正面得分比前两题稍低。问题20和问题21的完全同意单项得分与问题18和问题19相应分数有较为明显的差距。对于正面三项合计得分，问题21得分也明显弱于其他3题。个中原因，值得进一步考察。

五、澳门居民“对国家认同现状的意见与建议”中的认同分析

问卷最后一部分是征求澳门居民在国家认同方面的意见和建议。该部分具体设置3个题目。以下首先就居民对每小题的回答状况作出描述和说明，然后再从总体角度尽可能揭示出一些具有启发意义的结论（见表5）。

表 5 “对国家认同现状的意见与建议”中体现出的认同状况

（单位：%）

问题 \ 倾向程度	正面认同				负面认同			不知道
	合计	完全同意	同意	基本同意	合计	不同意	完全不同意	
22. 澳门特别行政区应进一步采取措施，积极提升澳门居民参与特区社会事务管理的意愿和能力	97.13	40.67	37.80	18.66	1.43	1.16	0.27	1.44
23. 中央政府及特区政府应鼓励并确保澳门居民积极参与国家和特区事务的管理	95.56	38.00	39.10	18.46	2.47	1.85	0.62	1.98
24. 我认为澳门居民总体上具有比较浓厚的国家认同感	93.85	34.04	39.78	20.03	3.69	3.01	0.68	2.46
平均	95.51	37.57	38.89	19.05	2.53	2.01	0.52	1.96

（一）对该方面三个问题的回答情况

1. 问题22为“澳门特别行政区应进一步采取措施，积极提升澳门居民参与特区社会事务管理的意愿和能力。”对该题目的回答，正面方向总体得分为97.13，其中，完全同意、同意、基本同意三项分别为40.67、37.80、18.66；负方向得分较低，为1.43，其中，不同意者为1.16、完全不同意者为0.27；不知道者为1.44。

2. 问题23为“中央政府及特区政府应鼓励并确保澳门居民

积极参与国家和特区事务的管理。”该题目正面总体得分为95.56，其中，完全同意、同意、基本同意分别为38.00、39.10、18.46；负方向得分总数为2.47，其中，不同意、完全不同意分别得分为1.85、0.62；回答不知道的为1.98。

两道题目都是关于居民参与管理和治理的。“一国两制”基本内容中包含了“港人治港”“澳人治澳”的原则，这是现代民主原则的具体体现。同时，居民如果对国家具有高度认同的话，就会希望参与国家和社会的治理结构中去，参与管理和治理，这既是民主原则的基础，也是爱国的要求，对于个人而言，既是权利同时也是义务。两道题目既是对意见和建议的征求，同时对这些题目的回应也从一定意义上折射出居民认同度的现状。

两道题目正向方面均获得高分，显示澳门居民对民主的赞同，更显示了作为澳门一分子和国家一分子的主人翁意识和认同的高度。当然，两题得分稍有差别：在完全同意方面，问题22得分为40.67，问题23得分为38，前者比后者高2.67分。似乎意味着，澳门居民对本地事务的关注和参与积极性稍高于对国家事务的关注和参与。这应属自然和正常。

3. 问题24为“我认为澳门居民总体上具有比较浓厚的国家认同感。”这是让澳门居民评价自己的国家认同感。第三方评价具有客观的优势，但主体自身的评价也有自己的优势：更知道内情，理解得更深入具体。所以，此题的回应，对于评价澳门居民国家认同感现状，还是非常具有参考意义的。

分数的细化构成上，正面总体得分中，完全同意、同意、基本同意分别为34.04、39.78、20.03；负方向得分中不同意、完全不同意两项分别得分为3.01、0.68；回应不知道的为2.46。

问卷中，正面三项合计得分为93.85，这是一个高分，证明澳门居民对自己的邻里、同事、家人的国家认同感，是高度肯定和信任的。当然，也应注意到，回答中完全同意项下得分为

34.04，相对略低些，可能意味着，答卷人觉得澳门特区国家认同感还存在一定问题，有些方面还应进一步提升。

（二）本组简单分析

第一，澳门居民对本组3个问题的认同度平均为95.51，其中，完全同意为37.57、同意为38.89、基本同意为19.05；负面意见总体平均得分为2.53，其中，不同意为2.01、完全不同意为0.52；不知道的平均分为1.96。

第二，该组第1和第2道题目都是关于居民参与管理和治理的，得分都较高。

第三，问题24总体认同度较高，总分稍低，其中完全同意的为34.04，是本组中该项最低的；负方向上，该题为3.69，是本组中最高的。

第二节　澳门居民国家认同感现状：评估、原因与问题

一、总体评估

（一）正向得分情况

总体上，澳门居民国家认同感是很高的。对于全部24个问题的回答，正面平均得分为95.21。这一分数，高于此前不少权威机构所作的测度。这可能是测量方法不同所致，但也应该看到，其中有澳门特区国家认同感逐步提高的因素。同时，各组平均得分虽互有参差，但总体上比较均衡，没有太大差别。国家观念、“一国两制”、宪法和基本法、中央全面管治权和地方高度自治权、关于国家认同的意见和建议5个方面所得平均分分别为

94.98、94.23、96.31、95.41、95.51。5 组之间，最高分与最低分之间仅相差 2.08 分。

值得注意的是，在 5 个组别中，宪法和基本法认同的得分最高，意味着澳门居民在该领域的认同度最高。这也提醒我们，坚守法治精神，遵守宪法和基本法，依法施政，将是澳门保持和提升国家认同感的一个极其有利的基础。

同时，我们必须看到，虽然各组之间的得分比较均衡，但具体到各组内每一题目时，还是可以发现有些方面得分有几分明显偏高或偏低。就正向角度三项合计得分来看，问题 1 和问题 22 得分明显偏高，问题 1 得分最高，为 98.08，问题 22 得分 97.13，这两道题得分明显高出平均线。问题 1 是“具有中国国籍的澳门居民，当然是中国公民”的判断；问题 22 是“澳门特别行政区应进一步采取措施，积极提升澳门居民参与特区社会事务管理的意愿和能力”。前者是关于居民身份归属的地方性与国家性关系问题，后者是关于参与地方治理的积极性和主动性。

与此相对照，有 5 道题目得分较低，分别是问题 5、7、8、12、13，得分依次是 92.41、92.55、92.41、91.93、92.48。题目分别是：“我拥护全国人大颁布和施行反分裂国家法”“振兴中华的中国梦也是我们澳门居民的梦”“中小学应设立有关国情国史和中国优秀传统文化的课程，以加强爱国主义教育”“澳门回归祖国后，澳门居民享有比历史上任何时候都更加广泛的民主权利和自由”“‘一国两制’‘澳人治澳’和高度自治，在澳门的实践取得了举世公认的成功。”其中，问题 12 和 13 的完全同意项得分居于倒数第 2、第 3。这显示，这 5 个题目由于某些原因，可能是认知不足，可能是实践有待改进和提升，或者本来在社会上就有些争议，或者其他原因，而得分明显略低些。

需要提及，调查显示，年龄与国家认同度存在较为明显的相关性。一般趋势是年龄越大认同度越高。值得关注的是，18—29岁的青年，其回答的正向得分明显低于其他年龄段，在问题7、8、12、13、24等5道题目中，得分显著较低。这说明，如何团结、教育、培养青年，是一个值得重点关注的问题。

（二）负向得分情况

负向得分中，高于3分的共有8道题，分别是第3、5、7、8、12、13、21、24题，得分依次是3.56、3.14、4.65、5.68、4.79、4.44、3.41、3.69（见表6）。

其中，最高分为第8题，5.68分；其次是第12题和第7题，分别是4.79、4.65；第5、7、8、12、13等5题同时又是正向得分较低的5题。

表6 负向得分超过3.00分的情况 （单位:%）

题目	负向得分
3. 我赞成政府机关、学校和重要公共场所应依法升挂国旗	3.56
5. 我拥护全国人大颁布和施行反分裂国家法	3.14
7. 振兴中华的中国梦也是我们澳门居民的梦	4.65
8. 中小学应设立有关国情国史和中国优秀传统文化的课程，以加强爱国主义教育	5.68
12. 澳门回归祖国后，澳门居民享有比历史上任何时候都更加广泛的民主权利和自由	4.79
13. “一国两制”“澳人治澳”和高度自治，在澳门的实践取得了举世公认的成功	4.44
21. 在实践中，中央政府尊重了“两制”差异，保障了特别行政区的高度自治权	3.41
24. 我认为澳门居民总体上具有比较浓厚的国家认同感	3.69

（三）“不知道”选项情况

“不知道”选项得分超过2分的题目共有9道，题目和得分情况如表7所示。

表7　“不知道”选项得分超过2.00的情况　（单位：%）

题目	“不知道”选项得分
5. 我拥护全国人大颁布和施行反分裂国家法	4.44
7. 振兴中华的中国梦也是我们澳门居民的梦	2.8
11. “一国两制”中的“一国”是“根”是“本”，根深才能叶茂，本固才能枝荣。要坚守“一国”之本，善用“两制”之利	2.12
12. 澳门回归祖国后，澳门居民享有比历史上任何时候都更加广泛的民主权利和自由	3.28
13. “一国两制”“澳人治澳”和高度自治，在澳门的实践取得了举世公认的成功	3.08
16. 国家宪法和澳门基本法共同构成了澳门的宪制基础	2.39
18. 中央对澳门全面管治权来自“一国”原则	2.53
21. 在实践中，中央政府尊重了“两制”差异，保障了特别行政区的高度自治权	2.12
24. 我认为澳门居民总体上具有比较浓厚的国家认同感	2.46

回答“不知道”者比例较高的题目，同时也多是负面回答得分较高的题目，也往往是正面得分较低的题目。这在第5、12、13题尤为明显。

被访者之所以回答“不知道”，原因可能如下：一是确实不了解相关情况，比如，对于反分裂国家法，确实可能有部分居民不清楚、不了解；二是情况较为复杂，确实觉得一时无法判断；

三是可能趋向于负面回答，但不愿直截了当作否定回答，而是含蓄地回答“不知道”。

二、原因浅析

大体而言，澳门居民国家认同度高，而且在各个维度之间比较均衡，这是有其客观和主观、历史和现实等各方面原因的。仅就主观方面的原因而言，主要是：“一国两制”的战略设计和制度安排符合各方的利益格局和社会实际，有巨大的生命力，这为澳门继续保持国家认同感提供了政治基础；中央施政得宜，澳门各方主体努力。可以说，中央对澳门和澳门人民的支持和关心，是澳门居民国家认同感的重要心理后盾；澳门政府依法施政、关注民生，澳门生产发展、居民生活水平提升，是澳门居民国家认同感的治理前提和物质支撑；爱国爱澳团体深耕基层，沟通上下，数十年坚持不懈，为澳门居民国家认同提供了巨大支持；澳门舆论生态健康，有助于澳门居民心态朝着正面方向发展。

认同度在局部领域的偏低现象，也是诸多原因作用的结果。原因可能有：民生领域还有痛点有待化解；澳门产业结构对就业领域的影响；澳门未来发展战略方面还有需要解决之处；澳门的青年政策需要加以改进、澳门教育方面也有需要完善的问题；等等。

三、需要重点关注的问题

总的来说，澳门局势稳定，国家认同度高，同时也存在一些问题或隐忧，但我们认为，这些问题是可以通过正确措施加以防范和化解的。所以，我们对澳门特区国家认同状况的总体评价是“喜中有忧，前景乐观”。除了产业结构多元化、国民教育的内容和方式需要改进等问题之外，还有两个或许也可能成为必须面对的问题：一是澳门特区的政治发展、民主发展与依法施政问题；二是澳门地方特性和国家性关系问题。这两个领域，值得今后予以重点关注。

第三章　澳门居民形成比较浓厚国家认同感的基本原因与积极作用

第一节　澳门居民形成比较浓厚国家认同感的基本原因

一、血浓于水的民族情，是澳门居民形成浓厚国家认同感的历史基础

（一）澳门自古就是中国领土，中国人世世代代一直在此生息繁衍

公元前214年，秦始皇在岭南设置南海等七郡，澳门属南海郡。此后长达千载的数个朝代中，澳门分属封乐县、南海郡、东莞县文顺乡、香山县。明清时期澳门隶属于香山县管辖。葡萄牙人进入澳门后，葡萄牙人及其族群仅仅与汉人杂居在三巴门以内的几十处地方，且葡萄牙人需要向明清政府缴纳地租银及火耗银，不得买卖土地，未经批准不得建造、改建、拆毁房屋。即使后来葡萄牙人驱逐清政府驻澳官员，兼并国人土地向其征收税赋，腐败无能的清政府于1887年与葡萄牙签订不平等的《中葡友好通商条约》，也仅仅是将澳门的管理权割让给了葡萄牙。因此，澳门作为中国领土的地位自始至终未曾改变。另外，华洋长期共处分治，在司法管辖及相关适用法律方面各行其是，葡萄牙

人适用前法典化时代的律令法律体系，[①] 且一般由其内部自行处理，而中国人适用中华法律，葡人不得干涉，且涉及华洋冲突的事宜一直受到中国政府管辖，中国政府以及中国人是澳门这片土地上的主人早已是不争的事实。[②]

现代澳门社会主要由各时期的移民后代构成，与内地特别是闽粤两省有千丝万缕的联系。葡萄牙人到达初期，澳门人口中的华人不过8000余人，既有本地的广东居民，也有很多福建籍商人到这里居停贸易，这种情况一直持续到清朝中期，到19世纪中后期，华人剧增。[③] 这主要是邻近地区的战争及政治运动导致，从太平天国运动到第二次世界大战结束，粤澳之间通行较为自由，这段时期澳门历经了几次大的人口输入。1949年中华人民共和国成立后到澳门回归前的半个世纪间，从广东和福建迁入的人口仍较为可观。澳门人口结构中乡族关系深厚，迁入人口仍然与其祖籍地保持了长期稳定的亲属及工作关系，在澳门也形成了稳定的乡族结构，在澳门政治结构中具有重要影响力。这从澳门以社团为主要政治元素中存在的大量同乡会即可见一斑。由于大部分人口来自周边地区的汉族，澳门社会的汉民族文化传统底蕴深厚，外来的语言并未进入中国居民的家庭生活中，粤语甚至深入了土生葡人族群中，而闽越地区汉民族文化中的妈祖等信仰自明朝开始在澳门长盛不衰。

---

① 王华：《〈菲利普律令〉在澳门早期的适用》，载《中西法律传统》2016年第1期。

② 吴志良、汤开建、金国平主编：《澳门编年史》（第1卷），广东人民出版社2009年版，第211页。

③ 苏一扬（Ivo Carneiro de Sousa）：《前工业化澳门的居民及人口体系（16—19世纪）》，载吴志良、汤开建、金国平主编：《澳门史新编》，澳门基金会，2008年，第1007—1045页。

（二）澳门的中国人民与殖民主义的斗争从来没有停止，爱国主义的优秀传统世代传承

澳门的反殖民斗争获得了中国政府与各地同胞的支持，比较著名的有清政府时期的“刺杀亚马留事件”和新中国成立时期的“12·3事件”。前者肇始于新任总督亚马留赶走清廷官员，强征华人船税、地税乃至挖掘华人祖先坟茔。1849年8月22日，受害者之一的华人义士沈志亮等人设计将亚马留刺杀，华人无不弹冠相庆。发生于1966年12月3日的“12·3事件”缘起中国居民自筹资金扩建凼仔街坊小学，校方代表先后24次申请久拖未批，但腐败成风的澳葡当局非但不正视问题，反而大肆拘捕自行动工的群众并在后来的示威冲突中射杀了8名中国居民，打伤212人，逮捕62人。此时以何贤为代表的澳门华人领袖以及澳门工联、澳门学生联合会等华人组织在广东省政府强烈抗议和北京严正声明的声援下，迫使澳葡当局解除了相关责任人的职务，并向中国居民和中国政府道歉、赔偿且签署了相关的认罪书，最终这次爱国运动取得了完全的胜利，这次事件再一次向世界表明，此时的中国再也不是过去的中国，澳门居民对国家认同感由此打下了牢固基础。

（三）澳门人民也一直以不同形式为国家反抗侵略、对抗自然灾害与和平建设提供支持、援助，两地同胞的感情血浓于水，历久弥新

抗日战争时期，澳门民众组织多种多样的抗日救亡宣传活动，并义卖筹款，捐输抗战，接济难民，甚至奔赴前线报效国家。[①] 回归后，广大澳门同胞热心参与祖国内地抗灾、助学等公益活动。每当内地发生地震、水灾等严重自然灾害时，澳门特区政府与澳门居民总是第一时间伸出援助之手，捐款捐物，以各种

① 陈树荣：《抗日战争中的澳门》，载《澳门杂志》总第107期（2015年）。

方式帮助灾民。例如，震惊世界的汶川大地震，当时仅有50多万人口的澳门共捐出善款60多亿元（澳门元，下同），按地区人均捐款数额计算，每个澳门人以1.2万元高居全国各省份之首。在灾后的岁月中，澳门社会也从未忘记内地同胞。内地与澳门特区的交流随着回归热络起来，教育、文化、体育等方面的人员往来不断增多。在教育上，许多澳门青少年会随着父母在内地投资而就近读书。据有关资料，从回归前数年直至非典型肺炎疫情暴发的2003年，澳门人口出生率明显下降，其结果是澳门即将面临高等教育生源危机。① 因此，在特区政府的政策指引下，越来越多的外省市大学生选择赴澳门就读大学或继续深造，无形中两地的青年学生增加了互相了解学习的机会。文化上，闽澳之间的妈祖文化交流更是十分频繁，时任福建省省长的习近平就在2001年亲自参加了在澳门特区举行的妈祖文化旅游节的开幕及澳门宝鼎揭幕仪式。② 自2014年开始，国家民委与澳门特区社会文化司签署了《关于促进国家民委直属高校与澳门高等院校加强合作的框架协议》；国家民委、港澳台办与特区政府高教办签署奖助学金协议，由澳门特区政府为国家民委直属高校选派的就读硕士生提供全额奖学金。毕业的学生中，有些已经留在澳门工作，③ 这些学生无疑是澳门特区青年进一步了解国家民族文化多样性的使者。而体育交流则是以地区间的形式展开，澳门特区政府与相关地区政府于2009年签署《川澳体育交流与合作意向书》、2012年签署《闽澳体育交流与合作意向书》。自签署意向书后，相关地区的体育部门一直保持着良好的合作关系，通过这些活动，既让两地青少年增进了友谊、开阔了视野，也促进了两地体育事业

① 《政府提供更多机会吸引外地生来澳读高校》，载《新华澳报》2016年1月19日。

② 《妈祖文化促进闽澳合作关系》，澳门新闻局，2001年10月25日。

③ 刘娴：《澳门，别样的“民族工作”》，载《中国民族》2018年第7期。

的发展。可见两地同胞血浓于水的手足之情经历数百年的风风雨雨，历久弥新，随着多种多样的频繁交往活动而不断加深。

总之，中国对澳门这块土地毫无疑问的主权归属、文化归属、民族归属，以及澳门中国居民的爱国热情是澳门居民形成比较浓厚的国家认同感的历史基础。

二、根植于华夏文明的中国心，是澳门居民形成浓厚国家认同感的文化基因

（一）中国心的含义

“中国心”是炎黄子孙、华夏儿女不由客观因素而改变的爱国主义情怀、民族自豪感和身份文化的认同。正如黄霑填词的著名歌曲《我的中国心》中所唱：“洋装虽然穿在身，我心依然是中国心，我的祖先早已把我的一切，烙上中国印……”中国心是中华民族世世代代的信仰，是国家社会兴旺发达的不竭动力。即使出生于中国，中国人的中国心也不是与生俱来的，国民教育不可或缺。一颗热忱的中国心，需要被民族认同意识所唤醒，学习中国历史，弘扬民族精神；需要由文化认同意识来扎根，传承中华文化和价值信仰，树立国家利益至上意识。为了实现国家现代化，中华民族必须增强道路自信、理论自信、制度自信和文化自信，滋养中国心，实现中国梦。在世界各国紧密联系的今天，开拓国际视野也是必修课，只有“怀中国心、做世界人”，才能使中华民族以其独特的风采屹立于世界民族之林。

中国心之于个人、族群，乃一种社会性本能。这样一种民族性的自觉追求，是国家、民族产生聚合力的根源，无此认同，小到个人，宛如大海之扁舟，鱼池之浮萍，混沌而不知己；大到国家，则犹如一盘散沙，一击即溃，无法自立于世界民族的各种竞

争之中，最终又会伤及个人自身，形成恶性循环。清末，国家内忧外患，清廷屡遭西方列强所败，割地赔款数不胜数，内政外交困顿，人民生活苦不堪言，国人在其国度内尚无法自保，抵御具有“驻外法权”等特权的列强欺凌，更无海外之中国人之权利，诸如“猪仔”等惨无人道之贸易足以明证。而这除了封建主义统治的根本因素外，同时很大程度上源于“中国人意识上，仿佛知有天下而不知有国家”。[①] 占世界人口四分之一的我四万万之同胞，竟无法同心协力抵御几万人甚至区区几千人的帝国主义侵略。西方之所以强大，原因之一就是顺利走向现代民族国家，形成强大的国家意识。而中国心这样一种现代国家认同的形成，正是中国心觉醒并走向团结复兴，抵御外侮的开端。辛亥革命将“家天下”的帝王贵胄赶下神坛；国共合作击败日寇，外争国权；而后中国共产党领导人民推翻三座大山成立中华人民共和国，又在朝鲜战争中击败帝国主义，将中国心的价值追求最大限度地凝聚起来，而西方侵略者长驱直入、国人冷漠围观的一盘散沙状态已不复存在，“西方侵略者几百年来只要在东方一个海岸架起几尊大炮就可霸占一个国家的时代一去不复返了”。

（二）中国心之于澳门的意蕴

澳门、香港在近代的遭遇，正是近现代国家、民族、人民的中国心从无到有，从弱到强的一种集中体现。清末香港被迫割让给英国侵略者，澳门被葡萄牙殖民者控制，而国人竟无可奈何地在殖民地沦为二等公民。澳门就是 19 世纪“猪仔”贩卖中心，从这里被“贩卖”的中国人达数十万，他们在海运中面临着高死亡率等诸多风险，到达目的地后人身权利也无法保障，大多数人无法取得移民资格，最终客死他乡。这种悲惨的命运，即国人之“中国心”无法凝聚而造成的社群、国家的任人欺凌之恶果。第

---

① 梁漱溟：《中国文化要义》，上海人民出版社 2005 年版，第 187 页。

二次世界大战期间，不出 20 日，香港就被日军占领，而“人为刀俎，我为鱼肉”的悲惨命运无疑再次落在了这块土地的国人头上。可见，寄希望于殖民者是行不通的，唯有中国心才能救中国人。中华人民共和国成立后，中央政府战略性地暂缓收回港澳的管治权，全国人民勠力同心、牺牲奉献，而港澳的国人也心怀国家，通过各种方式支援国家建设与发展。经过数十年的努力，国家建立了强大的军事、经济、政治和外交保障，并最终在 20 世纪末，史无前例地和平结束了港澳被外人统治的命运，扫除了 20 世纪的屈辱象征。中国政府恢复行使主权后，在中央的关怀和港澳人民的努力下，两个特区均取得了举世瞩目的成就，人民生活水平高居世界前列，各方面权益得到充分保障。

中国心的心路历程之于香港、澳门，就是一部中国人的自强、自立史，除了国家民族命运的集中体现，也是本地社会的政治经济建设发展的核心支撑。澳门社会的国人中国心之强烈，形成了各种中国文化、乡族社团组织，奠定了澳门政治发展的基础。澳门自明末以来就有大量葡萄牙人聚居，乃至后来被葡萄牙人控制，长达 400 年的历史，但自始至终都是以汉族文化、习俗占主流的社会，甚至连葡萄牙人族群也被中国文化所同化，形成了讲粤语、拜中国神，过中国节的土生葡人族群，而葡萄牙文化也得到较好保存。可见中国心并非一种单独的汉族认同，其强大的包容力，也是中华民族观之多民族、多元文化共存互融的体现，这也是澳门特区政治稳定，经济繁荣的内在保障。邻里相望，乡族互助，利益共享，文化共存的中国心正是澳门人民幸福生活的核心内蕴。

（三）澳门居民的中国心是中国人的文化基因

澳门居民的中国心体现在澳门社会日常生活的方方面面。比如，我们耳边常常回荡的那首童声吟唱的《七子之歌》：“你可知 Macau，不是我真姓，我离开你太久了，母亲！但是他们掳去的是我的肉体，你依然保管我内心的灵魂……”歌词反映了澳门居民在葡国殖民管治400多年后也未曾改变的中国心。澳葡政府对华人教育几乎不闻不问，华人教育主要由爱国爱澳社团自发兴办。新中国刚成立时，澳门一所爱国爱澳人士兴办的学校就率先升起了五星红旗。澳门回归后，澳门居民从幼儿园开始就接受国民教育，不仅在学校课堂上，还贯穿社会生活中。除国情教育外，澳门还注重青少年对中国文化的历史传承。他们从小就了解到，土地、人才、资源都有限的澳门能够有今天的发展，与国家的支持分不开。特区政府还与内地合作，每年带领青少年到内地交流访问，了解国家的发展，增加青年在内地实习的机会。社团也组织各种各样的活动，让青少年在自觉与不自觉之间，感受到我们国家的伟大，增强了对祖国的认同感。如今，澳门的国民教育已经枝繁叶茂，爱国爱澳的传承深入人心。①

澳门居民的中国心就是中国人的文化基因。习近平总书记在澳门回归15周年之际考察澳门时说，中华文化对中国人的影响已经渗透到了骨髓里，这就是文化DNA。他希望澳门青少年通过学习和了解中华民族和国家的历史，不断增强文化自信，增强作为一个中国人的骨气和底色，进一步弘扬爱国主义精神。② 吴志良认为，爱国主义的培养是潜移默化、循序渐进的，发自内心的爱国就要培养青少年的是非判断能力，在关键时刻清楚基本原则

---

① 《澳门：国民教育在课堂上更在生活中》，载人民网，http：//hm.people.com.cn/n1/2018/0509/c42272－29973421.html，2020年3月1日访问；《澳门的国民教育：我是中国的澳门人》，载海外网，http：//m.haiwainet.cn/middle/232591/2014/1219/content_21565173_1.html，2020年3月1日访问。

② 《凝聚澳门心　共圆中国梦——习近平主席考察澳门纪实》，载新华网，http：//www.xinhuanet.com/politics/2014－12/21/c_1113722497.htm，2020年3月1日访问。

和立场，永远不能抛弃家国观念，因为个人命运与国家和民族的命运是休戚与共的。[①]

三、“一国两制”方针及各项政策，是澳门居民形成浓厚国家认同感的制度条件

（一）“一国两制”是完成祖国和平统一的基本方略，以尊重历史、尊重现实为前提，是从澳门实际出发的最佳制度安排

“一国两制”最早源于中国共产党人为解决台湾问题而提出的构想。1979 年，邓小平同志在美国参众两院发表演说时指出：“我们不再用‘解放台湾’这个提法了，只要实现祖国统一，我们将尊重那里的现实和现行制度。”后来随着“叶九条”对这一构想的全面阐述及在处理港澳问题上的实践应用，[②]“一国两制”在现实中就成了解决港澳问题的最佳制度安排。而在一国之内保留港澳台地区既有的资本主义制度，是基于当时改革开放后对两种制度的重新认识，也是继续保持包括澳门在内的特区的社会经济继续稳定发展的现实需要。这种制度安排，既能体现维护国家主权的原则性，又有高度的灵活性，有利于保持港澳台地区社会稳定、经济繁荣和居民安居乐业，也有利于保持和发展中国同有关国家的关系，因而是中国实现国家和平统一的最佳模式。[③]澳门特区基本法中有关土地问题、澳门特区居民基本权利和义务、澳门特区的行政长官等主要官员、立法会、司法机关、市政机

① 《吴志良：建构澳门话语体系，融入国家发展大局》，载中新网，http：//www.chinanews.com/ga/2019/12－20/9039322.shtml，2020 年 3 月 1 日访问。

② 杨允中、许昌、王禹等：《“一国两制”理论探析》，澳门理工学院“一国两制”研究中心，2012 年，第 15—25 页。

③ 同上注，第 40 页。

构、旅游娱乐业等规定就是从澳门实际和现实情况出发的具体表现。[①] 国家主权统一是历史的必然，维护国家领土主权完整，逐步实现国家统一是中华民族的共同愿望和利益所在。“一国”作为“两制”的前提是历史大环境的必然趋势，“两制”的共存是基于历史和现实环境，基于国情和区情，基于包括澳门居民在内的全国人民的意愿。

（二）“一国两制”方针也完全照顾了澳门各界的利益

事实证明，在国家主体部分继续实行社会主义制度前提下局部地区灵活实行该地区原有的资本主义制度，意味着两种制度可以优势互补，原有的社会生活环境不至于发生剧烈变动而对澳门居民的生活产生不利影响。澳门特区政府与澳门居民依法治澳的现实表明，澳门特区的本地居民，特别是中国居民的主人翁意识得到了提升，也是行使国家主权的事实证明。近 20 年澳门的快速繁荣发展证明，“一国两制”方针与“澳人治澳”等政策是成功的。回归前夕，虽然大部分澳门居民对于回归的信心十分强烈，但由于先于澳门回归的香港情况与澳门存在差异，对于“一国两制”在澳门的适应性，仍然存有疑虑。有一部分澳门居民，主要是土生葡人对他们社会地位的改变、既得利益能否获得保护等问题产生了很大的疑虑，[②] 也有一部分人选择回到葡萄牙。有数据表明，对回归与“一国两制”存在疑虑的比例为两成上下。澳门居民在回归前对成为中国公民的自豪感为六成三，在回归后一年则升至六成六。[③] 随着“一国两制”方针及其各项政策的落

① 姬鹏飞：《关于〈中华人民共和国澳门基本法（草案）〉和有关文件及起草工作的说明》，1993 年 3 月 20 日在第八届全国人民代表大会第一次会议。

② 吴绍嘉：《澳门土生葡人在过渡期之社会地位及去留的选择》，澳门大学学生报告（澳门大学图书馆馆藏），1994 年。

③ 钟庭耀、马嘉莉、李博仪：《港澳两地回归前民情比较》，载吴志良、杨允中编：《澳门 2000》，澳门基金会 2000 年版，第 259—272 页。

实以及澳门特区在基本法保障下取得的社会政治经济等各方面的成就，使得这些疑虑逐渐烟消云散。有土生葡人表示："现在越来越多的土生葡人又回来了，因为大家都看到了回归10年来澳门的变与未变。所以，回归10年，土生葡人最大的变化是，大部分人由观望转向参与，更加积极地参与到澳门的发展中。"① 历年各方面的问卷调查以及本课题成果之一的问卷调查统计结果所反映的浓厚国家认同感就是最好的证明。

（三）回归以来澳门特区政通人和，人民安居乐业、社会稳定，表明"一国两制"实践取得了圆满的成功

"一国两制"方针及其各项政策使得澳门居民的基本权利得到切实维护。长期以来，在澳葡当局的统治下，澳门居民的基本权利尤其是其中的中国居民的政治权利受到很大的限制。1999年澳门的回归，"一国两制，澳人治澳"政策的确定与基本法的颁布实施，澳门居民的权利得到了全方位的确定与保护，使得澳门居民从此真正成为澳门的主人。澳门基本法赋予居民的基本权利和自由非常广泛，规范体系十分完备，保障措施可靠有力，成为澳门居民基本权利和自由的保障书。② 基本权利具体包括政治、经济、文化、人身、社会和家庭方面的权利，涵盖的人群不仅包括澳门永久居民，还包括非永久居民，不仅维护了多数族群，即中国人的权利，还保护了少数族群——土生葡人的权利。③ 从保护的层次来说，除了澳门基本法第三章直接规定的基本权利与自由的宣示性保障外，还有澳门基本法第40条规定的两个国际人

---

① 李炜娜：《澳门土生葡人的新生活（展翅濠江 澳门故事）》，载《人民日报·海外版》2010年10月19日。

② 邹平学：《澳门居民基本权利和自由的保障书》，载杨允中、冷铁勋主编：《"一国两制"与澳门居民权利保障（学术研讨会论文集）》，澳门理工学院"一国两制"研究中心2014年版，第17页。

③ 王禹：《论〈澳门基本法〉对土生葡人合法权益的保护》，载王禹：《特别行政区及其制度研究》，澳门学者同盟2013年版，第62页。

权公约及相关国际劳动公约组成的国际公约层面的保障，以及澳门本地的部门法的保障。正是通过这 3 个层面的法律保障，形成了一个完整的权利与自由的保障机制。在该机制中，澳门居民的权利与自由得到了充分的保障。[①] 当然，从具体的调查研究结果来看，该机制涉及特区政府施政下的澳门居民基本权益的社会各项保障政策仍有进一步提升空间。[②] 另外，澳门居民中的中国公民还有一项重要基本权利，就是参与国家事务的管理。根据全国人民代表大会分配的澳门名额和确定的产生办法，在澳门选举产生每届 12 名全国人民代表大会代表，参与国家事务管理。中国人民政治协商会议和副省级以上人民政治协商会议组织每届都特邀一定数量的澳门中国居民担任全国政协委员和省市政协委员参政议政，为国家建设和改革开放建言献策。特别要指出的是，选择了中华人民共和国国籍的葡萄牙后裔居民的代表也被特邀为全国政协委员参与国家事务的管理。[③] 由此可见，澳门特区居民的基本权利受到明确保护的范围之广、程度之深。政通人和带来的是亮眼的经济指标，中国澳门在 2018 年国际货币基金组织（IMF）预测的世界人均 GDP 中高居全球第二，是亚洲“首富”，而 2017 年统计人口生存状况的综合性指标人类发展指数（HDI）的报告中，澳门为 0.905，属于极高人类发展指数，居世界第 17 位。政府财政收入、财政盈余、外汇储备资产总额均远非回归时可以想象。随着经济的高速增长和外来投资的不断增加，失业率更是极低。

---

① 赵国强：《论澳门居民权利与自由的法律保障层次》，载杨允中、冷铁勋主编：《“一国两制”与澳门居民权利保障（学术研讨会论文集）》，澳门理工学院“一国两制”研究中心 2014 年版，第 53 页。

② 梁文慧、梁官汉等：《澳门居民基本权益保障研究（专题报告）》，澳门理工学院“一国两制”研究中心 2011 年版，第 39 页。

③ 谢后和、邓开颂：《澳门沧桑 500 年》，广东教育出版社 2014 年版，第 453 页。

“一国两制”方针及其各项政策的构想与成功实践，维护了国家的统一，保证了澳门的回归及其繁荣发展，切实维护了澳门居民的各项权利，是澳门居民形成浓厚的国家认同的制度条件。

四、“以人为本”的施政理念，是澳门居民形成浓厚国家认同感的民意要素

“以人为本”的施政理念，是指以满足澳门居民不断提高的物质文化需要为施政的根本出发点和落脚点。澳门特区政府的实践告诉我们，在培育澳门居民国家认同感中，抓住了“以人为本”这个关键，就抓住了培育澳门居民国家认同感的“牛鼻子”，能使澳门居民从实施“以人为本”的施政理念的政策措施实践中切身体会到改善住房、养老、医疗、教育等领域的获得感、安全感、幸福感，从而进一步加深对国家的认同感。本课题组2018年9月的问卷调查显示，澳门居民国家认同感高达95.97%，比课题组预计的要高得多。这与澳门特区政府贯彻“以人为本”的施政理念息息相关。

纵观澳门特区政府20年来的实践，主要是从下列3个方面来认真实施“以人为本”的施政理念的。

（一）认真制定好“以人为本”的施政纲领

施政纲领是政府依法施政的行动指南，必须根据不同时期的实际情况精确制定。澳门历任行政长官都十分重视“以人为本”施政纲领的制定与实施。

众所周知，回归前，澳门经济连续4年负增长，房地产市场整体下滑，一些企业经济陷入困境，失业率高企，部分居民生活相当拮据，加上回归前夕的澳门社会治安恶化，居民的正常生活和生命财产受到严重威胁。针对澳门当时现状，第一、二任行政

长官何厚铧，在首份《施政报告》中就提出“固本培元，稳健发展”的施政理念，并作为当时的施政纲领。在此基础上，他在2002年的第二份《施政报告》中明确提出了“以人为本”的施政理念。他说，“以人为本”体现澳门居民整体利益，是我国传统行政文化的精华所在，把它作为特区政府的施政理念，也是符合“国际公共行政的基本理念”的。“特区政府的施政必定充分体现澳门市民的整体利益。在全体公务人员中进一步强化服务特区、服务市民的公仆观念，是特区政府继续改进行政运作的基本出发点。”何厚铧在1999—2009年10年间所发表的10份《施政报告》中，“以人为本”的施政理念像一根红线一样，贯穿于每份《施政报告》的始终。

第三、四任行政长官崔世安，不仅始终将“以人为本”作为特区施政理念，而且这种理念更为强烈，措施也更为具体。如在2018年《施政报告》中，他把“不断完善五大民生长效机制”放在报告的最重要地位，指出“发展为民，成果共享，是建设‘一中心、一平台’的出发点和落脚点”。2019年，他在《施政报告》中更是把“聚焦民生改善”列为首要任务，强调“以短中长期政策结合，巩固社会保障安全网”。

第五任行政长官贺一诚，不仅坚持“以人为本”的施政理念，而且把它作为“不断造福澳门居民”的首要举措。他在2020年4月20日发布的首份《施政报告》中，把“抗疫情、保就业、稳经济、顾民生、推改革、促发展”作为施政的总方针。他指出，将持续优化民生建设作为特区政府工作的首要任务，并不断提升相关惠民措施的金额。

三位行政长官精准制定的施政纲领，为更好地实施“以人为本”施政理念，打下了良好的施政基础。

（二）着力夯实好实施“以人为本”的物质基础

实施“以人为本”施政理念的初心是为了满足澳门居民不断

提高的物质文化需要。综合20年来的施政实践，澳门特区政府主要是用“四管齐下”办法来夯实实施。

1. 用改革来夯实实施“以人为本”施政理念的物质基础

这里所说的改革是指改革博彩专营权。澳门素有“东方拉斯维加斯”之称，博彩娱乐业是澳门的一个重要支持产业。但由于40多年来长期由澳门娱乐有限公司一家独营，严重损害了竞争力。回归后，特区政府根据澳门基本法第118条关于“澳门特别行政区根据本地整体利益自行制定旅游娱乐业的政策”的授权，决定改革博彩业的专营权，并于2001年8月颁布《娱乐场幸运博彩经营法律制度》，成立了“竞投委员会”，以保障改革的顺利进行。2002年8月，博彩改革揭盅，即将专营权一改为六，其中，3张为正牌，3张为副牌。澳门博彩经营权的改革，使澳门博彩经营效益明显提升。仅至2006年11月，博彩业总收入就达到495.31亿澳门元，首次超过美国拉斯维加斯同期博彩业总收入的490亿澳门元，跃居世界第一。2018年全年入境旅客多达3580万人次，再创历史新高。博彩专营权的改革，为实施“以人为本”施政理念打下了丰厚的物质基础。

2. 用优势来夯实实施“以人为本”施政理念的物质基础

澳门拥有世界级的中西文化内涵的旅游资源优势，这是其他地区无法企及的。为此，特区政府用“开放”和“创建”两大路径来夯实实施“以人为本”施政理念的物质基础。

（1）“开放”内地居民赴澳“个人游”。在中央政府的大力支持下，从2003年起，澳门推行了内地居民访澳“个人游”政策，从而游澳旅客井喷式上升。仅2006年，游澳旅客就突破2000万人次，比回归前的1999年的744万人次增长了2.7倍。2018年游客则多达3580万人次，同比增长达9.8%。“个人游”的开放，大大促进了澳门消费经济的提升。

（2）“创建”世界旅游休闲中心。为充分发挥澳门的旅游资源优势，在开放“个人游”的基础上，特区政府规划将澳门创建成为世界休闲中心，国家有关部门大力支持这个规划。2015 年 6 月，国家旅游部门还与澳门特区政府签署了《内地与澳门关于建立促进澳门世界旅游休闲中心建设联合工作委员会的协议》，并成立了工作委员会。国家提出“一带一路”倡议后，澳门即于 2017 年成立了“一带一路”建设工作委员会。这不仅体现澳门创建世界旅游中心即“一个中心”的决心，而且也提供了组织保证。

3. 用特长来夯实实施“以人为本”施政理念的物质基础

基于历史渊源，长久以来，澳门历来是贯通中国与葡语国家的桥梁，这是澳门的特长。国家“十二五”“十三五”规划均明确将澳门作为“中国与葡语国家商贸合作服务平台”,[①] 以发挥“国家所需，澳门所长”的独特作用。自 2003 年起，澳门特区政府就探索发挥“特长”路径，并于 2016 年成立由行政长官崔世安为首的“中国与葡语国家商贸合作平台发展委员会”。截至 2016 年，我国与葡语国家进出口商品总值为 908. 94 亿美元，达到了较高水平。

4. 用适度多元化经营来夯实实施“以人为本”施政理念的物质基础

第一，以调整区内产业适度多元化来夯实“以人为本”施政理念的物质基础。为使澳门经济稳健发展，特区政府十分重视经济适度多元化建设。2014 年，行政长官崔世安在《施政报告》中强调，加大力度推动经济适度多元是特区政府的施政重点。在保持支柱产业平稳发展的同时，批发及零售业、酒店业、饮食业、建筑业、金融业及其相关产业也有理想的增长。据有关部门统

---

① 社会研究智库课题组：《不忘初心：加快“一个平台”建设》，载《澳门日报》2017 年 5 月 31 日，莲花广场版。

计，截至2013年，上述行业的毛收入也超过1600亿元，比2009年增加一倍。①

第二，以融入国家发展大局来夯实“以人为本”施政理念的物质基础。这主要是指参与“一带一路”和“粤港澳大湾区建设”。行政长官贺一诚在《施政报告》中指出，融入国家发展大局是破解澳门空间局限、实现经济适度多元可持续发展的重大机遇和根本途径。特别是做好开发横琴是澳门多元发展的最便利、最适宜的新空间。② 为此，澳门成立了参与开发横琴工作机构，并着手进一步实现两地跨境服务和社会保障衔接，探索将澳门医疗体系及社会保险直接适用并延伸到横琴的工作。澳门积极参与横琴开发，融入国家发展大局，将为特区政府实施“以人为本”施政理念所需的物质条件，构建了不会“断供”的物质生产基地。

上述“四管齐下”、夯实实施“以人为本”施政理念物质基础的举措，极大地提升了澳门的经济跨越式发展，在澳门回归后的18年（1999—2017年）里，生产总值年均增长率达到12.1%。2017年生产总值为4042亿澳门元，约为1999年的7.8倍，人均生产总值为7.8万美元，约为1999年的5.1倍。人均生产总值（以下简称GDP）跃居亚洲第一、世界第二。这里特别要提及的是，到2019年9月底，澳门特区财政储备总额已达6273.5亿澳门元，③ 以澳门现有65万多的人口计算，人均储备约为100万澳门元，居世界前茅。

---

① 澳门特别行政区政府编印：《行政长官2014年财务年度施政报告》，第39页。

② 澳门特别行政区政府编印：《贺一诚行政长官施政报告（2020年4月20日）》，第39页。

③ 澳门特别行政区政府编印：《贺一诚行政长官施政报告（2020年4月20日）》，第16页。

（三）及时分享好“以人为本”施政理念带来的丰硕成果

由全民共享施政成果，这是澳门特区政府实施“以人为本”施政理念的重要内容。实践中，主要以下列方式来共享“以人为本”施政理念带来的成果。

1. 用完善社会保障机制办法来分享成果

特区政府从双层式社会保障、社会援助、社会福利三大层面完善社会保障机制，强化社会保障基本安全网。“双层式”是指由社会保障基金（公积金个人账户）与非强制性的中央公积金两个不同性质层面构成的社会保障机制，使居民在退休后能够得到“最基本”的生活保障以及“较宽裕”的养老保障。自 2008 年起，特区政府建立中央公积金制度，根据公积金个人账户的规定，每名符合资格的澳门永久性居民都可获得政府在个人账户注入的 10000 澳门元启动资金，以后每年额外注入预算盈余特别分配澳门币，在正常情况下，每人每年有数千元。根据 2017 年第 7 号《非强制性中央公积金制度》规定，从 2018 年起，居民原有的公积金个人账户已自动成为政府管理子账户，居民今后可透过供款计划缴纳供款或把政府管理的子账户的结余作出灵活调动，为自己的养老生活进行投资增值。未来特区政府将逐步把这种非强制的中央公积金制度变为强制性制度，不断充实惠民措施。

2. 用完善住房保障机制办法来分享成果

这主要指进一步建设长效机制，在制度和资源协调的基础上，促进公屋与私人房屋市场的均衡发展，全力落实“居有其所，安居乐业”的施政目标。随着万九公屋（经济房屋）相继落成，新的社区逐步成型。同时，特区政府又推出 4400 个“后万九”单位，并在新城 A 区将分四期完成 28000 个公屋单位的目标。对于收回的民间“闲置土地”，政府将优先用于建造公共房屋。

3. 用完善教育保障机制办法来分享成果

从2007年起，澳门已实现了从幼儿园到高中的15年免费义务教育，保证人人享有平等的教育权利。为减轻家长在书簿费方面的负担，特区适度调升“书簿津贴”金额，向每名中学生发放的金额由2400澳门元调升至2800澳门元，每名小学及幼儿园学生的发放金额则分别维持在2400澳门元及2000澳门元。同时，还向家庭经济困难学生发放“膳食津贴”和“学习用品津贴”。此外，对在澳门及外地就读的大专和研究生课程的澳门学生发放学习用品津贴，金额为3000澳门元，另设“特别奖金学”，鼓励勤学。

4. 用完善医疗保障机制办法来分享成果

特区政府秉持“妥善医疗，预防优先”的方针，迄今，澳门的免费网络覆盖面积达到世界先进水平，初级卫生保健系统被世界卫生组织誉为“太平洋地区的典范”。在此基础上，拟加强政府、非营利及私人医疗机构的合作互补，完善各项医疗服务。特别是依法加强控烟工作，健全食品安全检测，鼓励市民养成健康的饮食习惯，扩大中医药的社区应用。同时，高度关注居住在旧式楼宇的长者、体弱或残疾人士出行不便的困难问题，推出相应支援计划。此外，不断加大资源投放，确保计划顺利实施。为缓解疫情带来的困难，在2020年度医疗补贴计划中，向每位澳门永久性居民多发一次600澳门元医疗券。①

5. 用完善现金分享机制办法来分享成果

从2008年开始，特区政府推出“现金分享计划”（即每年向每名澳门居民派发现金），至2018年已连续坚持了11年。从最初的永久性居民每人5000澳门元，非永久性居民每人3000澳门

---

① 澳门特别行政区政府编印：《贺一诚行政长官施政报告（2020年4月20日）》，第30页。

元，到2018年的每名永久性居民9000澳门元，每名非永久性居民5400澳门元。必须指出，2018年澳门居民最低维生指数也调升到4050澳门元。为缓解疫情给澳门居民带来的困难，2020年的现金计划提前于4月实施。同时，对获得社会工作局经济援助的弱势家庭多发2个月援助金。向每名居民分两期发放8000澳门元的消费补贴。[①]

另外，特区政府还实施了多项惠民措施。一是实行交通与电费补贴制度。自2008年7月起推出了公共巴士乘车费用补贴措施，以实报实销方式实行乘车优惠；2018年4月起改为居民持交通局核准的澳门通（储值卡），乘搭一般路线收费3澳门元，乘搭快线收费4澳门元，学生卡一律半价收费，而持有长者卡及残疾卡的乘客免费。自2008年起，每户居民每月住宅电费补贴金额由原来150澳门元逐步调升至200澳门元。二是提升职业税豁免额及退税程度。政府于2007年将个人职业税免税额由9.5万澳门元调高到12万澳门元，2010年再调至14.4万澳门元，并继续维持减免25%职业税。2012年起，还提出减收全体就业居民职业税，幅度由25%进一步提高到30%。2014年，政府向持有澳门特区居民身份证的职业税纳税人退还60%应缴并已缴纳的2012年度职业税税款，上限为12000澳门元。此后几年退税金额上限逐步增加，迄今有望达到144000澳门元。三是豁免居民拥有的居住用途不动产税，补贴全澳居民住宅2020年3—5月的水电费。这也是为缓解疫情造成的困难的措施。四是提升“敬老金”额度。特区政府在民间机构的协助下，自2005年开始向65岁或以上的澳门永久性居民发放每年1200澳门元“敬老金”，并逐步调升至2018年的9000澳门元，以进一步弘扬敬老美德。

---

① 澳门特别行政区政府编印：《行政长官贺一诚施政报告（2020年4月20日）》，第30页。

澳门特区政府的实践证明，上述认真制定好“以人为本”的施政纲领、着力夯实实施“以人为本”的物质基础、及时分享好“以人为本”施政理念带来的丰硕成果，是相辅相成、互相衔接的一个整体，不能偏颇。只有这样，才能取得较好效果。由于特区政府在实施“以人为本”的实践中较好地把握了上述三者间的辩证关系，因此，在各方面均取得了举世瞩目的良好效果。例如，就澳门的失业率来说，由 1999 年底回归前的 6.8%，降到 2019 年底的约为 1.7%，降低了 3.79 倍；就总体就业人口平均月工资收入中位数来说，刚回归时的 2000 年为 4822 澳门元，到 2018 年为 16000 澳门元，增长 3.32 倍。2019 年总体月工资收入中位数为 17000 澳门元，年增 6.25%。[①] 维基百科资料显示，澳门社会的贫富差距很小，位于世界贫富差距较小的前 10 位，居亚洲第一。“政为民，民拥政”，这是澳门居民爱澳、爱国，国家认同感高达 95.97% 的基本原因。我们坚信，澳门特区政府“以人为本”的施政理念和施政纲领将在新的时空条件下不断完善与优化。

五、中央政府与祖国各地对澳门发展的关心与支持，是澳门居民形成浓厚国家认同感的心理保障

（一）澳门回归前，国家从来没有忘记澳门和澳门人民

澳门本身自然资源匮乏，作为生存基本条件的水资源紧缺一直是困扰澳门的重大问题。20 世纪 50 年代，澳门曾连年发生水荒。在周恩来总理的亲自关怀下，1958 年修建了第一座对澳门供水的水库，1975 年又建成大镜山水库。但由于种种原因，供水问

---

① 澳门特别行政区政府编印：《贺一诚行政长官施政报告（2020 年 4 月 20 日）》，第 16 页。

题一直未得到圆满解决。2005 年，澳门自来水股份有限公司的副总经理托人带了 4 瓶特殊的水给水利部门，他说："这些水来自澳门的自来水龙头，如果用来做汤，可以不需要加盐。"由于频发海水倒灌而引发了咸潮，澳门居民有一段时间甚至不得不靠饮用蒸馏水或矿泉水渡过难关。为此，2006 年全国"两会"期间，澳门特区的全国人大代表和政协委员积极行使参政议政权，就此提出了建议。在全国人大将其列为重点办理的建议后，在各部委的协力下，澳门的咸潮问题得到了有效控制。2008 年和 2014 年，先后新建了竹银水库并启动大藤峡水利枢纽工程，从根本上对周边流域，特别是澳门的可持续供水提供了保证。2009 年，澳门特区政府与水利部签署合作协议书，以财政支持的方式援建该水利枢纽工程 8 亿元人民币。目前，澳门的水源问题得到了解决。另外，由于澳门基本没有农业，除了一部分外国进口的冰鲜肉类、海鲜外，鲜活商品的供给基本全部由周边省市经拱北海关运抵澳门。为达到"优质、适量、均衡、应时"的目的，在广东省的珠海、中山、顺德等地开办了 10 多个万头以上的猪场、大型养鸡场、水果等鲜活产品基地，各基地通过引进良种、精选饲料、改善饲养方式等方法来调整和满足澳门市场的需求；而负责鲜活产品通关的珠海边检不断深化"放管服"改革，先后实施"鲜活产品优先验放"，不断提高通关效率，保障了"生命线"安全畅顺。可以说，在中央和地方各级部门的支持下，澳门特区的吃喝等重大民生问题得到了安全、高效的解决。

（二）澳门地域狭小，产业单一，经济抗打击能力弱，回归后国家对澳门的经济给予长期扶持

2003 年，受周边地区非典型肺炎疫情冲击，澳门特区的整体经济发展受到抑制，特别是第二季度经济态势下跌。此时在中央政府的支持下，先后开放自由行与签订《内地与澳门关于建立更紧密经贸关系的安排》（以下简称 CEPA）使得澳门经济起死回

生。2003 年 7 月，中央政府开放访澳自由行，使得澳门经济强劲反弹，而且这一态势一直延续到年底。而作为澳门经济的支柱，博彩旅游业之所以战胜“非典”冲击，表现良好，主要因素就是第三季度之后外省市旅客的迅速增长。当然，这也离不开中央政府对澳门抗“非典”工作的大力支援和特区政府的抗“非典”政策对疫情的有效控制。2003 年 5 月 27 日，中央政府支援澳门特区大量的抗击“非典”医用物品，包括 300 台红外快速测温仪、6 万件防护服和 1 万双防护鞋套、20 万只外科口罩、5 万件一次性床单、5000 个防雾眼罩以及药品等。随着非典型肺炎疫情受到控制，第三季博彩旅游业急速反弹，其中博彩服务出口增长强劲，旅客总消费（不包括博彩消费）因旅客入境人数及人均消费增加而取得正增长，其中内地旅客大幅上升 42.8%，包括私人消费、零售等方面的经济数据更是大幅反弹。[①] 2003 年 10 月，澳门又与内地签署了 CEPA。CEPA 实施有助于澳门企业进入内地广阔市场，解决其面临的本地市场狭小、资源短缺的困境，促进本地企业的发展。跨境加工区的建设也将有助于缓解加工业向低成本地区转移的趋势。2008 年，澳门受到国际金融危机的影响，旅游业大幅下滑，投资和出口下降，失业人口增加。为帮助澳门抵御风险，中央政府又公布 6 个方面 9 项措施，及时扭转了不利的经济局面。以上中央政府对澳门特区的各种支持，实际上为确立澳门特区后续的发展奠定了基础。除此之外，回归 20 多年来，CEPA 协议不断优化补充，而地方性的合作，如《粤澳合作框架协议》《深化粤港澳合作——推进大湾区建设框架协议》等，以及与各省签订的合作意向书，为澳门经济的多元发展提供了空间与动力。在中央政府和相关地方的大力支持下，澳门的另外几个

① 澳门特别行政区经济局、金融管理局及统计暨普查局：《澳门经济季刊》2003 年 12 月。

经济发展产业正在逐步兴起，主要为旅游休闲、会展商贸、金融服务、文化创意与中医药。2008 年，《珠江三角洲地区改革发展规划纲要（2008—2020）》提出：“巩固澳门作为世界旅游休闲中心的地位。”2011 年，澳门“世界旅游休闲中心”的定位被正式列入国家“十二五”规划纲要。2016 年，国家“十三五”规划纲要又明确提出：支持澳门建设世界旅游休闲中心、中国与葡语国家商贸合作服务平台，积极发展会展商贸等产业，促进经济适度多元可持续发展。可见，国家始终将澳门特区经济的健康、持续与多元发展摆在十分重要的地位，予以大力支持。

（三）澳门大学横琴校区是粤澳两地合作的直接体现，也是“一国两制”下的新创举

在中央政府的直接关怀和支持下澳门大学横琴校区顺利完成奠基、落成并投入使用。经全国人大常委会授权澳门与广东省、珠海市的合作划界，横琴岛东部约 1 平方千米的土地被租借给澳门特区用以解决澳门大学用地紧张问题。[①] 2009 年时任国家主席胡锦涛亲临主持奠基；2014 年习近平主席亲临澳门大学访问。澳门大学新校区完成整体搬迁并投入使用后，作为澳门高等教育界的代表，澳门大学取得长足进步，师资实力和学生学习环境得到巨大提升，新设的两个国家重点实验室也取得了骄人的成果。这说明除了国家高度重视澳门的未来发展外，也展现“一国两制”政策下的一种创新和灵活变通。在对澳门本地高等教育大力支持的同时，国家为让澳门应届高中毕业生有更充足机会入读内地名校，并配合澳门经济适度多元发展的需要，不断调整针对澳门学生的内地大学招生政策，在招生学校、专业与名额上不断扩大。其中，重点名校名额大增，热门专业不断开放。2016 年内地高校

---

① 王禹：《“一国两制”实践过程中的创新举措——论全国人大常委会授权澳门对横琴岛澳门大学新校区实施管辖的决定》，载《澳门日报》2009 年 7 月 1 日。

在澳门招生580名，到2018年共有951名澳门学生成功获得内地高校保送录取，而2019年将有88所内地高等院校招收澳门保送生，拟招收1110人。这一方面体现了国家对于澳门高等教育的重视与支持；另一方面也体现了澳门学生赴内地求学已成为一种趋势。澳门学生赴内地高水平学校求学，不但可以提升拓宽将来的就业选择，也可基于对国家各地的全面认识而有助于进一步强化和具体化其国民身份认同。

中央政府及各地在经济、民生、教育等各个方面对澳门特区的支持，保障了澳门特区经济的稳定和居民生活的富足，是澳门特区居民心理获得满足感与安全感的重要后盾。

六、特区政府和社会各界认真贯彻落实宪法与基本法，为澳门居民形成浓厚国家认同感创设了良好的法治环境

（一）澳门居民形成深厚的国家认同感，离不开对基本法的认真贯彻落实

特区通过相关立法和对原有法律的清理工作落实了基本法的实施。回归至今，特区立法会依据基本法制定了120多部法律，特区政府也根据实际情况制定了相当数量的行政法规。在这些法律规范中，有涉及立法权限的立法法，也有诸如劳动关系法、个人资料保护法等关系社会民生的法律，而修改的法律包括土地法等，这些法律完善了澳门法律体系。对于回归前遗留的2000多件法律规范清理工作，法务局等部门经过细致的整理，截至2013年4月1日，有668件法律及法令仍在生效状态，其他1000多件法律规范已经通过各种方式失去效力。目前，法律的清理工作仍然在继续，可以说，这一项艰巨而繁重的任务具有

高度的法律技术要求。正是由于澳门特区相关法律工作者的辛勤付出，通过立法、修法等一系列工作落实基本法的规定，以宪法、基本法以及澳门原有法律和法令组成的法律架构才得以保持稳定，并使得澳门特区社会政治经济处于稳定、有序、和谐发展的良好状态中。

（二）国家认同感较为深厚离不开基本法的宣传推广持续化

特区政府和各爱国爱澳社团非常重视澳门基本法的宣传推广，以多种形式向公务员、青少年学生和广大市民宣讲澳门基本法。如基本法推广协会每年都要举办研讨会，进学校讲解基本法，并向全体澳门居民定期开设关于宪法与基本法的课程，组织以此为主题的研讨会、创作比赛、网上问答游戏等活动，为澳门社会普及基本法作出了重大贡献。而在基层及中层公务员培训方面，从招考到入职，都有一系列的国法、国情的研习、交流活动。在公务员招考中，也需要对基本法进行考核。根据澳门特区法务局的介绍，回归以来，每年都会挑选社团并在公务员内部进行基本法的专家讲座及问答，该局还组织青年学生进一步学习宪法、基本法以及各种法律知识，同时让他们一同参与法律推广活动，向大众宣传正确的法律观念。澳门特区的国民身份认同与基本法的成功推广密不可分。另外，法务局将宪法的推广也纳入了工作日程。在基础教育方面，相关法律对小学、初中与高中的品德与公民课程就有相当具体的规定，如高中阶段对国家权力机构、政党和政治协商会议的职能、宪法、基本法都要有全面的认识。[①] 正是政府和爱国爱澳力量大力宣传基本法，使宪法精神深入人心，基本法成为全社会的共同行为准则，任何否定基本法、偏离基本法的言论和行为都会受到社会各方面的谴责，这为“一

---

① 分别是第19/2016号社会文化司司长批示、第56/2017号社会文化司司长批示、第55/2017号社会文化司司长批示。

国两制”的切实实施奠定了坚实基础。因此，学习基本法、推广基本法、运用基本法、维护基本法、遵守基本法已经成为澳门社会的共识。

（三）严格落实基本法附件中的全国性法律，并积极推进维护国家安全法立法，进一步促进了澳门居民的国家认同感

澳门特区认真执行了附件三的全国性法律。例如国歌法，在回归时就已经有5/1999号法律和3/1999号行政法规对国旗、国歌的使用进行较为详细的规定。[①] 澳门法务局于1999年12月就启动了本地的立法工作，并针对该法在中小学教育、媒体的使用作了进一步完善、修订，截至2018年6月，已经完成了相关行政法规的草案。按照澳门基本法第23条关于澳门特区应自行立法禁止危害国家安全行为的规定，早在2002年，相关立法工作就已经被纳入了澳门特区政府的立法计划，2003年又明确将其作为施政纲领的内容之一。为落实第23条立法，澳门政府做了大量的准备工作，包括法律资料准备、调查研究和论证研究，等等。[②] 2008年底，澳门特区政府展开了为期一个多月的公开咨询活动，经过咨询，共收到意见书784份，其中个人657份，团体127份，90%以上赞成立法，反对的不到3%。[③] 可见第23条立法在澳门社会是人心所向。在广泛听取和吸收咨询意见的基础上，澳门特别行政区政府于该年的12月16日向特区立法会提交了维护国家安全法法案，澳门特区立法会经过认真审议，于2009年1月5日

---

① 张荣顺：《关于〈全国人民代表大会常务委员会关于增加（中华人民共和国澳门基本法）附件三所列全国性法律的规定（草案）〉的说明》，2017年10月31日，第十二届全国人民代表大会常务委员会第三十次会议。

② 王禹：《澳门〈维护国家安全法〉的制定及其意义》，载《特别行政区及其制度研究》，澳门学者同盟，2013年，第153页。

③ 谢后和、邓开颂：《澳门沧桑500年》，广东教育出版社2014年版，第450页。

获得一般性通过，于 2 月 25 日获得细则性审议及逐条表决的通过，所有条文均获得高票通过，其中大部分条文获全票通过，维护国家安全法于同年 3 月 3 日起生效。这些都无不体现了澳门居民根深蒂固的家国情怀及深厚的国家认同感。

（四）爱国爱澳力量的不断发展，成为国家认同感深厚的良好基础和载体

回归 20 多年来，澳门的社会政治生态良好，爱国爱澳团体始终占据主导地位。以澳门工会联合总会、澳门街坊总会、澳门中华总商会等为代表的传统爱国爱澳团体，在回归前就具有广泛的社会影响力。[①] 如澳门工会联合总会，在 1949 年中华人民共和国成立之初就明确支持新中国，在其成立初期就与以国民党为代表的另外一派势力进行斗争；1966 年“12·3 事件”后也彻底将国民党势力清理出澳门。除了继续保持爱国爱澳的光荣传统外，澳门工会联合总会的主要工作也为澳门的工人群体维权服务，因而获得了广泛的支持。成立于 1950 年 5 月的澳门妇女联合会，从成立伊始就始终与祖国的妇女运动密切联系，积极参加全国及地方的妇女大会，在“12·3 事件”中到澳督府抗议澳葡当局等，都是其爱国爱澳的光荣历史。回归之后，这些社团一方面注意与时俱进，加强自身建设，提升社会服务水平，引导广大居民支持行政长官和特区政府依法施政；另一方面积极参与重大社会政治事务，自觉维护国家和澳门的利益，成为支持特区政府依法施政、维护澳门特区繁荣稳定的中坚力量，成为创设风清气正的政治生态的核心社会力量，是“一国两制”在澳门特区成功实践的主要社会基础。

---

① 谢后和、邓开颂：《澳门沧桑 500 年》，广东教育出版社 2014 年版，第 451 页。

七、共享伟大祖国的尊严与荣誉，是澳门居民形成浓厚国家认同感的情感动力

（一）国家的快速发展可以说是澳门经济繁荣和澳门居民自信提升的直接推动力，即“国家好，澳门才好”，改革开放40多年给澳门的发展提供了良好的机遇

20世纪七八十年代，得益于国家改革开放的快速发展，澳门经济取得了很大发展。尤其是在1992年，澳门的本地生产总值实质增长率推高到12.1%，超过80年代任何一年的增长速度。回归前几年澳葡政府管治不力、治安不靖，再加上亚洲金融危机，使得澳门本来就已衰退的经济雪上加霜。回归后，中国人民解放军进驻澳门，澳门特区政府成立，澳门社会各方面趋于安定，为经济的再度腾飞创造了条件。回归后的第1个15年里，澳门特区保持了极高的经济增长速度，人均收入保持高位，社会环境比较安全舒适，澳门人的身份地位不断提升，国家身份认同高涨，可以说，这种自豪感、光荣感，都是在参与澳门特区的建设与共享国家快速发展的前提下收获的。中国综合国力的迅速提升使得国家强起来了，国人富起来了，使在海外的国人身份地位发生了巨大变化，许多国家为了吸引中资以及中国游客采取了一系列的优惠措施；在海外的历次各种灾害中，国家的外交部门以及军舰或包机也总能及时出现在撤侨前线，安全撤离包括港澳台同胞在内的中国公民，使得外国人不由得羡慕嫉妒，这一切均是以国家的强大实力做后盾的客观事实，也给了包括澳门居民在内的世界任何一个角落的中国人一种强烈的身份自信。而解放军驻澳部队在“军营开放日”及“天鸽”救灾中展现出的纪律严明、训练有素、行动高效的良好形象，更使得澳门居民从内心深处感受

到了国家强大给作为国家一分子所带来的强烈的国家与民族自信。

（二）青年一代对国家的荣誉感、自豪感，也是澳门居民形成比较浓厚国家认同感的原因

回归以来成长起来的澳门青年亲身经历澳门发生的巨大变化，认识周边事物的能力和方式也更加多样化和便利，因而也以不同方式见证国家发生的巨大进步。例如，通过澳门特区政府与内地学校合作，每年组团澳门学生到内地考察、访问、学习，了解国家的发展；很多澳门学校和内地学校结成姐妹学校，促进两地学生交流互动；特区政府还与内地合作，增加学生在内地实习的机会。比如，澳门特区政府 2016 年开始推出“千人计划”，每年遴选 1000 人赴内地交流学习，至今已实行了 4 年。澳门的例子说明，让特区青少年了解国家、了解自己所在的城市与国家之间的紧密关系，明白自己从何而来、到哪里去，进而拥有宽广视野和正确世界观，无疑是十分有益且必要的。① 许多澳门青年也搭上国家经济创新的快车道，享受诸如高铁出行感受国家河山的风光旖旎，利用网购等方式来提升生活的便利性或亲身参与其中，甚至北上就业或创业；远赴诸如享誉世界的阿里巴巴等知名电商企业参观访问，这类企业也时常向澳门青年提供实习或者就业职位，既感受这些企业的创新模式，又可将相关的经验带回澳门特区。而通过电商开设网店、网购等现在已是澳门青年日常生活的一部分；又如，珠海横琴澳门青年创业谷配套了总规模 20 亿元人民币的专项资金，发起设立横琴澳门青年创业投资引导基金等，还为入谷创业的企业提供至少 1 年的免费办公场地，吸引着不少澳门青年前来创业。通过诸多方式，国家的发

① 《澳门：国民教育在课堂上更在生活中》，载《人民日报·海外版》2018 年 5 月 9 日。

展成就对于澳门青年来说历历在目，不仅为他们提供了机遇，也让他们共享国家发展带来的红利，因而国家认同感的提升也是自然而然的。

（三）对于国家与澳门特区的发展，澳门居民以各种具体的实践行动积极参与其中，亲身收获满满的成就感，作为国家一分子的尊严与荣誉也得以提升

2008 年奥林匹克运动会在我国北京举行，澳门开埠 400 年来首次迎接奥运圣火，包括时任特首何厚铧在内的澳门各界 120 名火炬手，圆满完成了历时 3 个多小时的北京奥运圣火澳门站传递活动，沿途获得了澳门居民、港台游客等在内的观众共同为传扬奥林匹克精神的呐喊助威，整个传递过程激情、和谐、有序；每届奥运会结束，国家代表队的金牌代表团总会来澳门访问，将胜利的喜悦分享给广大的澳门市民。国家的快速发展也使得澳门特别行政区居民的海外利益得到切实维护，回归 20 多年来，大量国际公约适用于澳门；给予特区护照免签或落地签待遇的国家和地区已由回归时的 3 个增至 134 个，澳门居民出行更加便利；而他们的正当权益，也在外交部、驻外使领馆、驻澳门公署与特区有关部门密切合作下得到了切实的维护，例如，设立了涉澳领事保护重大突发事件信息通报机制，同特区政府之间建立了热线联络；从缅甸仰光火灾到多米尼克风灾，再到印度尼西亚巴厘岛火山喷发导致机场关闭，有关驻外使领馆迎难而上，妥善处置多起涉澳门同胞的领事保护案件，成功协助包括澳门同胞在内的大量受灾民众安全回国。

国家发展的命运起伏，与澳门的发展命运相连、荣辱与共。国家综合实力的迅速提升，为澳门特区的政治经济繁荣发展提供了安全保障，也进一步提升了澳门居民的安全感。国家的发展为澳门居民提供了共享红利和自身发展的机遇，澳门居民共享着祖国的尊严与荣誉，有力地提升了国家认同感。

第二节　澳门居民具有比较浓厚国家认同感的积极作用

一、对实践“一国两制”的积极作用

习近平总书记高度肯定澳门成为“一国两制”成功实践的热土，与澳门居民具有比较浓厚的国家认同感是分不开的。澳门居民具有比较浓厚的国家认同感使得“一国两制”“澳人治澳”、高度自治方针和澳门基本法在澳门社会广泛深入人心，得到切实贯彻落实，宪法和基本法规定的澳门特别行政区的宪制秩序得到尊重和维护，中央全面管治权有效行使，特别行政区享有的高度自治权受到充分保障,①有利于保障不动摇、不走样、不变形地实践“一国两制”。

（一）有利于坚持“一国”之本

国家认同是处理“一国两制”的基础，也是“一国两制”的前提。澳门居民具有比较浓厚的国家认同感有利于坚持“一国”之本。“一国”是根，根深才能叶茂；“一国”是本，本固才能枝荣。②“本”是不能动的，“本”一动大厦就倒了。“一国两制”的构想，就是为解决我们国家尚未完全统一的现实问题。实现国

---

① 《习近平在庆祝澳门回归祖国15周年大会暨澳门特别行政区第四届政府就职典礼上的讲话》，载人民网，http：//jhsjk. people. cn/article/26246398，2018年12月28日访问。

② 《习近平：庆祝香港回归祖国20周年大会暨香港特别行政区第五届政府就职典礼重要讲话》，载新华网，http：//www. xinhuanet. com/politics/2017 - 07/01/c_1121247486_3. htm，2018年12月28日访问。

家统一是民族的愿望，是实现中华民族伟大复兴的必然要求，[①]一百年不统一，一千年也要统一。怎么解决这个问题，只能是“一国两制”，除此以外，没有其他办法。[②] 所以，“一国”是出发点也是归宿，“一国”是原则也是目的，“一国”是中国所要解决的实际问题，也是华夏儿女的翘盼。“一国”是“两制”的基础，坚持“一国”之本，是成功实践“一国两制”的前提和根基。

“一国”不是抽象、虚拟的，而是具体、现实的，在宪法规定中就是中华人民共和国。正如澳门基本法序言及第1条规定：“澳门，包括澳门半岛、氹仔岛和路环岛，自古以来就是中国的领土，是中华人民共和国不可分离的部分。”主权问题上更是没有回旋余地，也不是一个可以讨论的问题。[③] 第12条规定：“澳门特别行政区直辖于中央人民政府。”这明确了澳门特别行政区是在中华人民共和国主权和领土之下的地方政府。虽然中央授权澳门特区实行高度自治，却是有范围、有限度的自治，并非完全自治，完全自治就是“两个中国”。“制度可以不同，但在国际上代表中国的，只能是中华人民共和国。”[④] 这就需要认清中央与特区的关系是领导与被领导、授权与被授权、监督与被监督之间的关系。

坚持“一国”之本，就是在大是大非上，态度绝不含糊，对触碰国家底线的行为绝不容忍。[⑤] 如澳门基本法第23条规定了澳门特区应自行立法维护国家安全。2009年3月2日，第2/2009

---

① 《习近平：坚持“一国两制”，推进祖国统一》，载人民网，http://jhsjk.people.cn/article/29635040，2018年12月31日访问。

② 邓小平：《邓小平文选》（第3卷），人民出版社1993年版，第102页。

③ 邓小平：《邓小平文选》（第3卷），人民出版社1993年版，第12页。

④ 邓小平：《邓小平论“一国两制”》，三联书店（香港）有限公司2004年版，第5页。

⑤ 林郑月娥：《坚持一国之本，无容忍触碰国家底线行为》，载《观察者》2018年7月2日。

号法律维护国家安全法正式生效，禁止危害国家安全的行为。同时，宪法作为国家根本大法，整体上对特区有效力，体现为实行和遵守宪法。澳门居民严格依照宪法和基本法办事，维护宪法与基本法共同构成的特区宪制秩序，并通过公布和立法实施对澳门基本法附件三中列明的全国性法律予以适用。

坚持"一国"之本，不仅体现在维护社会稳定，履行维护国家主权、安全、发展利益的宪制责任上，更体现为人心的回归，而人心的回归即国民心理上的认同又是一个动态心理过程。在著名的心理学家维果斯基看来，人的高级心理过程是通过与社会环境交往的过程而逐渐内化的结果。[①] 从 2017 年澳门居民对中国的新闻事件态度的调查数据显示，67.6% 的澳门中学生关心中国的新闻事件，相较 2014 年提高了 12.4%。[②] 与此同时，澳门居民具有较浓厚的国家认同感，更激发了澳门居民的爱国主义精神和情怀。而爱国主义是中华民族精神的核心，为实现中华民族伟大复兴中国梦提供了共同精神支柱和强大精神动力。[③]

（二）有利于尊重"两制"之异

"两制"作为实现"一国"的手段和方式，是既考虑到港澳的实际情况，也考虑中国的实际情况和英葡的实际情况，使三方面都能接受的方案。[④] "一国两制"是解决历史遗留的香港、澳门问题的最佳方案，也是香港、澳门回归后保持长期繁荣稳定的最

---

① See Damianova Maria, Sullivan Gavin Brent, "*Rereading Vygotsky's Theses on Types of Internalization and Verbal Mediation*", Review of General Psychology, Vol. 15, No. 4 (2011), p. 344.

② 《2017 年澳门中学生国民身份认同调查研究报告》，第 17 页。

③ 《中共教育部党组关于教育系统深入开展爱国主义教育的实施意见》，载教育网，http://www.moe.edu.cn/srcsite/A13/s7061/201601/t20160129_229131.html，2018 年 12 月 24 日访问。

④ 邓小平：《中国是信守诺言的》，《邓小平文选》（第 3 卷），人民出版社 1993 年版，第 101 页。

佳制度。[1]

“一国”和“两制”是一个有机整体，“两制”是在“一国”之下的“两制”，讨论“两制”必须在“一国两制”的框架内。因为“一国两制”不是斗争的哲学，而是要协调不同制度之间的矛盾。“两制”的差别不是想象出来的，而是客观存在的，更是不能抹杀的，否则我们也不会实行“一国两制”。

面对内地实行的社会主义制度和港澳实行的资本主义制度的差别，澳门居民具有比较浓厚的国家认同感，有利于理解“两制”与“一国”的关系，以及“两制”间的关系，并采取互相尊重、和平共处的态度。强调“两制”间要和平共处，不是制度之间的淘汰，尤其要放下意识形态的思想之争。[2] 虽然“两制”之间有主次、有差别，但是“两制”之间有一个共同体，有一个共同的目标和任务，就是国家的统一、发展和强盛。[3] 所以，在“一国”的共同体中，“两制”不是互相隔绝、互不交往，也不是互相改变对方，而是互相尊重“两制”间的差异，因为任何“一制”的不存在，都会导致“一国两制”化为乌有。

澳门居民具有比较浓厚的国家认同感，使得澳门居民具有很强的包容心，对内地同胞更是具有一种尊重和理解。比如，澳门土地总面积只有35.8平方千米，[4] 据统计，2017年全年入境旅客共32610506人次，[5] 2017年年终总人口为653100人，[6] 澳

---

① 《习近平：坚持“一国两制”，推进祖国统一》，载人民网，http：//jhsjk.people.cn/article/29635040，2018年12月31日访问。

② 骆伟建：《澳门基本法新论》，社会科学文献出版社2012年版，第37页。

③ 同上注，第36页。

④ 澳门地图绘制暨地籍局，https：//www.dscc.gov.mo/CHT/knowledge/geo_position.html，2018年12月26日访问。

⑤ 澳门统计暨普查局，https：//www.dsec.gov.mo/Statistic.aspx？NodeGuid=7b23463a-d253-4750-bd12-958030df5ccb，2018年12月26日访问。

⑥ 澳门特区政府网站，https：//www.gov.mo/zh-hant/news/234218/，2018年12月25日访问。

门居民人均接待50位内地游客。相较香港，澳门的接待任务更重。2017年访港旅客有58472000人次，2017年终总人口为7413100人次，[①] 香港居民人均接待8位内地游客。面对非常狭小的空间，而且全年接待游客数量巨大，加上不同制度成长下人们的生活习惯、文化修养各有千秋的情况，澳门居民展现出更多的包容，其中有些困难是自行克服的，有些是通过向政府反映而协调的，但绝不拒内地同胞于千里之外，这就是尊重和包容。有了尊重和包容，"两制"之间的许多不同，都是可以和平共处的。

（三）有利于站在国家与特区发展战略高度全面准确理解"一国两制"

正确认识"一国两制"，一定要把"一国两制"放到国家发展的战略高度，才能够站得高、看得远，才能够全面准确把握"一国两制"的精髓。如果只站在澳门的角度去看"一国两制"，肯定就有管中窥豹的局限性；如果站在国家发展的角度去看"一国两制"，就会有站得高、看得远、看得广的全局观。

澳门居民具有比较浓厚的国家认同感，有利于澳门居民在理解国家方针政策时，有全局的把握。"一国两制"是在我国改革开放的时代背景下提出的，国家发展的重心从过去的阶级斗争变成了发展经济，即实现四个现代化。中国如何能够实现四个现代化呢？邓小平同志就提出了三大任务：第一是要改革开放，中国如果不改革开放，不可能实现现代化。过去40多年实行改革开放，现在仍要进一步改革开放。第二是要国家统一，国家如果不统一，最终不可能完成现代化。而"一国两制"就

① 香港政府统计处，https：//www. censtatd. gov. hk/hkstat/sub/so150 _ tc. jsp，2018年12月24日访问。

是在国家现代化的进程中提出来的，“一国两制”本身就是要服务于国家的现代化。从这个意义上讲，现代化是目标，“一国两制”是手段，“一国两制”是为了达到国家现代化目标的一个重要路径。假如说实行“一国两制”最终不利于国家实现现代化，最终“一国两制”肯定要到此结束。如果“一国两制”能够帮助国家实现现代化，那么肯定要继续实行“一国两制”。这就是邓小平同志提出“一国两制”的时代背景。第三是要世界和平，世界如果天天战争，我们无法改革开放，也无法发展经济，就无法实现现代化。所以要建立命运共同体，继续维护世界和平。

同时，澳门居民具有比较浓厚的国家认同感，还有助于澳门居民理解“一国两制”背后蕴含的国家关怀。在“口述历史”采访澳门基本法起草委员会委员的时候，几乎每一位委员都提到了一点，那就是“一国两制”背后蕴含的国家对澳门特区的关怀，包括澳门机场的建设、旅游娱乐业的开放、14 处“自行制定”[①]和回归后 4 次“再授权”，包括关闸、[②] 珠澳跨境工业区、[③] 澳门大学横琴校区，[④] 以及 85 平方千米海域[⑤]等一系列建设项目。这一切，无一不体现着“一国两制”和基本法背后，中央对澳门发展和澳门居民的深切关爱。

---

① 《澳门特别行政区基本法》第 77 条、第 107 条、第 114 条、第 115 条、第 116 条、第 117 条、第 118 条、第 121 条、第 123 条、第 124 条、第 125 条、第 126 条、第 127 条和第 130 条。

② 《拱北海关“三不管”地段将租给澳门管理》，载人民网，http://www.people.com.cn/GB/shizheng/18/21/20020718/778571.html，2018 年 12 月 23 日访问。

③ 《国务院关于设立珠澳跨境工业区的批复》，载中国政府网，http://www.gov.cn/gongbao/content/2004/content_63058.htm，2018 年 12 月 23 日访问。

④ 《十一届全国人大常委会第九次会议 27 日表决通过决定》，载中国政府网，http://www.gov.cn/jrzg/2009-06/27/content_1351938.htm，2018 年 12 月 23 日访问。

⑤ 《中华人民共和国澳门特别行政区行政区域图》，经 2015 年 12 月 16 日国务院第 116 次常务会议通过，由中华人民共和国国务院令第 665 号发布。

（四）有利于保障“一国两制”行稳致远

全面准确、坚定不移实践“一国两制”并行稳致远的关键在于以爱国者为主体的爱国爱澳队伍的培养。澳门居民具有比较浓厚的国家认同感有助于爱国爱澳队伍的培养，培养爱国爱澳队伍是“一国两制”事业的重要组成部分，也是“一国两制”实施的重要保障。[①] 爱国者的标准是，尊重自己民族，诚心诚意拥护祖国恢复行使对澳门的主权，不损害澳门的繁荣和稳定。只要具备这些条件的人都是爱国者。我们不要求他们都赞成中国的社会主义制度，只要求他们爱祖国，爱澳门。[②]

此外，澳门居民具有比较浓厚的国家认同感有利于营造爱国爱澳的良好社会氛围。亲历澳门回归前后发展变化的一辈人，他们切身体会到“一国两制”所带来的优势。而对于回归后出生的新一代青年，他们对于“一国两制”带来的发展变化并无明显的切身感悟。但是借着爱国爱澳良好的社会氛围和上一辈人的讲述，以及学校和社会对新一代青年开展的国情教育，形成了一个良性循环的健康社会环境。这对于保障“一国两制”行稳致远可谓至关重要。

二、对澳门特区社会经济繁荣发展的积极作用

澳门基本法序言第二段明确了“一国两制”与基本法的目标，即国家统一、领土完整和澳门社会稳定、经济发展。澳门的社会稳定与经济发展密不可分，“一国两制”能否成功，很大程

---

① 骆伟建：《对爱国爱澳人才培养的一点思考》，《迈向澳门“一国两制”实践新征程——纪念澳门基本法颁布 25 周年学术研讨会》，澳门基本法推广协会，2018 年，第 193 页。

② 邓小平：《邓小平文选》（第 3 卷），人民出版社 1993 年版，第 61 页。

度上取决于经济能否不断地发展、居民生活水平能否逐步地提高。[①] 澳门居民具有比较浓厚的国家认同感对推动澳门特区社会经济繁荣发展有积极作用。

（一）有利于履行主体责任

履行好澳门特区主体责任，是把维护中央全面管治权和保障澳门特区高度自治权有机结合起来的核心要义。[②] 中央恢复对澳门行使主权，基于主权产生治权，治权具体表现为管治的权力，体现为在中央的授权下特区实行高度自治。澳门基本法第五章授权澳门特区在经济领域的相关权力，如财政收入全部由特区自行支配、中央不征税；作为单独的关税地区、实行独立的税收制度；发行货币并自行制定货币金融政策；保持自由港地位、实行自由贸易；自行制定工商业发展政策、劳工政策、航运政策、民用航空制度以及旅游娱乐业政策；等等。在中央的授权下，澳门特区可根据本地区整体利益自行制定相关政策，切实调动特区积极性、主动性。履行好主体责任，正是保障中央全面管治权和保障澳门特区高度自治权有机结合的关键。

澳门居民具有比较浓厚的国家认同感，有利于澳门居民履行主体责任，履行宪法和基本法授权之下所应承担的责任。一方面，积极主动地结合本地区整体利益自行制定有利于特区社会稳定、经济发展的积极政策；另一方面，积极响应国家经济发展的整体布局与倡议，积极融入国家发展。2018 年 4 月 21—25 日，澳门特区政府全体主要官员和检察长赴北京、江苏参加任中培训，此行旨在加深澳门特区政府管治团队对国家发展战略和经济社会发展最新情况的了解，促进澳门更好地融入国家发展大局。[③]

---

① 骆伟建：《澳门特别行政区基本法新论》，社会科学文献出版社 2012 年版，第 365 页。

② 乔晓阳：《港澳须履行主体责任》，载《澳门日报》2018 年 3 月 23 日。

③ 刘以沫：《为更好地融入国家发展大局，澳门十高官到内地“国情深造”》，载《环球时报》2018 年 4 月 23 日。

这意味着特区政府及主要官员率先承担起推动特区经济繁荣发展的主体责任。

（二）有利于发挥“两制”之利

澳门居民具有比较浓厚的国家认同感不仅有利于调动澳门特区履行主体责任、发挥主人翁精神，制定出有利于符合澳门特区整体利益的经济政策和制度，而且也有利于发挥“两制”之利。

自16世纪中叶起，澳门被葡萄牙殖民管治，实行资本主义制度，长期以来形成了独特的自身优势。澳门作为“中国与葡语国家商贸合作服务平台”（以下简称“一平台”），始于2003年10月在澳门召开的中国—葡语国家经贸合作论坛（澳门）。2016年，李克强总理为深化澳门平台作用，又提出在澳门成立中国—葡语国家金融服务平台、企业家联合会、文化交流中心、双语人才培养基地、青年创新创业中心五项新举措。[①] 同时，澳门政府也为搭建“一平台”，积极推进“中葡中小企业商贸服务中心”“葡语国家食品集散中心”“中葡经贸合作会展中心”功能，培养葡语专业人才，并于2015年开通“中国—葡语国家经贸合作及人才讯息网”，集中提供中国与葡语国家相关商贸信息，包括葡语国家食品数据库、中葡双语人才数据库、专业服务供货商数据、会展和经贸信息等。[②] 此外，还充分发挥澳门特色金融业，积极参与“一带一路”建设，协助葡语国家或机构参与人民币金融业务，推动人民币国际化，争取于2020年澳门与葡语国家贸易总额较2015年的6亿澳门元增加10%。[③] 自平台搭建以来，澳门与葡语国家的进出口商品总值由1.58亿澳门元上升至6.48亿

① 《李克强出席中葡论坛第五届部长级会议开幕式并发表主旨演讲》，载新华网，http://www.xinhuanet.com/gangao/zbpc/index.htm，2018年12月26日访问。

② 《澳门“一个平台”的建设和发展》，载《经贸研究》2018年2月28日。

③ 《澳门特别行政区五年发展规划（2016—2020年）》，第71页。

澳门元，增加3倍多。[①] 数据显示，澳门充分发挥自身独特优势，搭建“一平台”，不仅让自身投入国家发展战略中，更带动了澳门经济的发展。

与此同时，2008年底国家发展和改革委员会在《珠江三角洲地区改革发展规划纲要》中首次宣布澳门“世界旅游休闲中心”（以下简称“一中心”）的定位。为落实这一定位，《澳门特别行政区五年发展规划（2016—2020年）》中指出，澳门建成“一中心”，是澳门未来长期发展的愿景。[②] 澳门多年来作为连接中国与欧洲的通商口岸，旅游业的发展具有超过一个世纪的历史，并成为澳门的支柱产业；结合其自身独特中西方文化优势，鼎力推进“一中心”建设，是澳门可持续发展所需，广大居民所愿。[③] 2015年6月2日，文化和旅游部与澳门特别行政区政府正式签署了《内地与澳门关于建立促进澳门世界旅游休闲中心建设联合工作委员会的协议》。2017年9月，通过全面的状况评估、与持份者的访谈、举办国际论坛、广泛的公众咨询等，形成了《澳门旅游业发展整体规划》，澳门“一中心”建设有序推进。基于国家“一带一路”倡议发展，澳门已加入“中国海上丝绸之路旅游推广联盟”，并纳入“21世纪海上丝绸之路风情游”旅游线，充分发挥了澳门在“海上丝绸之路”建设中的节点作用。[④]

（三）有利于促进经济适度多元发展

澳门居民具有比较浓厚的国家认同感，有利于发挥“两制”之利，从而促进澳门经济适度多元发展。澳门回归后，特区政府

---

① 《澳门“一个平台”的建设和发展》，载《经贸研究》2018年2月28日。

② 《澳门特别行政区五年发展规划（2016—2020年）》，第8—9页。

③ 《澳门旅游业发展总体规划》，澳门特别行政区政府旅游局2017年9月，第8页。

④ 《澳门迈向世界旅游休闲中心》，载《人民日报·海外版》2017年10月27日。

制定了“以博彩旅游业为龙头、以服务业为主体、其他行业协调发展的产业结构”，这是正确的，但也带来了经济发展不平衡的问题。破解澳门博彩“一业独大”的产业结构矛盾，推动澳门经济适度多元发展，是中央关于澳门发展的战略谋划和部署，也是保持澳门长期繁荣稳定的必然要求。[①]

从 2003 年开始，澳门特区政府就将会展业作为施政重点，2010 年特区设立“会展业发展委员会”，同时在经济局增设“会展及产业发展厅”，还通过“会展活动激励计划”，积极把澳门打造成举办各类型会展活动的目的地。[②] 2019 年全年举办的会展活动共 1536 项，与会人员达 200.3 万人次。[③] 此外，特区也积极发展中医药产业，2011 年 1 月 25 日依托于澳门大学和澳门科技大学的中药质量研究国家重点实验室，是中国第一个中医药领域的国家重点实验室。其中，澳门大学实验室 2016 年就启动 12 个进入欧盟、加拿大和美国的创新中药产品研发；澳门科技大学实验室取得美国、澳大利亚等发明专利授权近 100 项。[④] 同时，粤澳合作中医药科技产业园，也是粤澳两地政府在横琴的首个重点合作项目，并分别于 2016 年 6 月和 2017 年 1 月与广东省和四川省签署了《粤澳中医药产业合作框架协议》和《川澳中医药产业发

① 《澳门经济适度多元发展初见成效》，载新华网，http：//www.gov.cn/xinwen/2018-12/01/content_5345143.htm，2018 年 12 月 28 日访问。

② 《港澳在线：会展业，澳门经济新引擎》，载人民网，http：//cpc.people.com.cn/n/2013/0530/c83083-21669828.html，2018 年 12 月 31 日访问。

③ 澳门统计暨普查局：《2017 年第 4 季会议及展览统计》，载人民网，https：//www.dsec.gov.mo/Statistic/TourismAndServices/MICEStatistics/2017%E5%B9%B4%E7%AC%AC4%E5%AD%A3%E6%9C%83%E8%AD%B0%E5%8F%8A%E5%B1%95%E8%A6%BD%E7%B5%B1%E8%A8%88.aspx?lang=zh-CN，2018 年 12 月 30 日访问。

④ 中央政府驻澳门联络办公室：《澳门中医药科研和产业水平逐步提升》，2018 年 12 月 17 日，http：//www.zlb.gov.cn/2018-12/17/c_1210016836.htm，2018 年 12 月 31 日访问。

展合作框架协议》，促进了中医药产业发展。[①] 2015 年，世界卫生组织在澳门成立了传统中医药合作中心，更是让澳门成为培养中医药专家和国际合作的热土。[②]

截至 2017 年底，统计显示，澳门会展业、金融业、中医药产业及文创产业的增加值总额已达 320.8 亿澳门元，占所有行业增加值总额的 8.1%，与 2015 年相比，增加值总额上升 23.6%，占比增加 0.79 个百分点。[③] 数据表明，澳门居民具有比较浓厚的国家认同感，有助于促进澳门经济多元化发展。

三、对与祖国内地良性互动的积极作用

国家作为澳门特区发展的坚强后盾，已在“十三五”规划中把澳门纳入国家治理体系中予以通盘考虑，并为澳门“在中国发展的列车”中“预留座位”，以推动澳门与内地城市优势互补，有助于澳门把“背靠大树好乘凉”的优势发挥到极致。[④] 澳门居民具有比较浓厚的国家认同感有利于澳门特区积极融入国家发展，支持国家建设，参与国家治理并助力国家改革开放和现代化进程，从而形成与祖国内地的良性互动。

---

① 中央政府驻澳门联络办公室：《澳门中医药科研和产业水平逐步提升》，2018 年 12 月 17 日，http：//www.zlb.gov.cn/2018－12/17/c_1210016836.htm，2018 年 12 月 31 日访问。

② 《澳门大力发展传统中医药产业》，http：//www.plataformamacau.com/zh－hant/%E6%BE%B3%E9%96%80/macau－aposta－na－certificacao－da－medicina－tradicional/，2018 年 12 月 31 日访问。

③ 新华社：《澳门经济适度多元发展初见成效》，中华人民共和国中央人民政府，2018 年 12 月 1 日，载新华网，http：//www.gov.cn/xinwen/2018－12/01/content_5345143.htm，2018 年 12 月 28 日访问。

④ 《张德江委员长视察澳门给香港的启示》，载《文汇报》2017 年 5 月 2 日。

（一）有利于形成“国家好、澳门好”的观念

澳门居民具有比较浓厚的国家认同感有利于形成“国家好、澳门好”的观念。《澳门特别行政区五年发展规划（2016—2020年）》中指出，国家发展是澳门发展的坚强后盾与最大优势。澳门将根据“十三五”规划赋予澳门的使命和责任，主动对接国家的重大发展战略，进一步提升澳门在国家经济发展和对外开放中的地位和功能。[①] 澳门走过 20 多年成功实践“一国两制”的道路。据统计，澳门特区成立以来，各个领域都取得了阶段性成果。对比 1999 年和 2019 年各项数值：澳门特区 GDP 从 518.72 亿澳门元增至 4346.7 亿澳门元，增幅达 8.4 倍；人均 GDP 从 12.1 万澳门元增至 64.5 万澳门元，增幅为 5.3 倍；财政收入从 169.4 亿澳门元增至 1335.1 亿澳门元，增长了 7.9 倍；失业率从 6.3% 大幅下降至 1.7%。[②] 数据显示，澳门回归祖国后，背靠祖国，立足本地，实现了澳门经济实力增强的历史性跨越，祖国好，澳门更好已被越来越多的实践所证明。[③]

此外，自 2003 年 10 月签署《内地与澳门关于建立更紧密经贸关系的安排》（CEPA）到 2013 年 8 月签署《〈安排〉补充协议十》后，陆续于 2014 年 12 月 18 日签署《〈安排〉关于内地在广东与澳门基本实现服务贸易自由化的协议》、2015 年 11 月 28 日签署《〈内地与澳门关于建立更紧密经贸关系的安排〉服务贸易协议》、2017 年 12 月 18 日签署《〈内地与澳门关于建立更紧密经贸关系的安排〉投资协议》及《〈内地与澳门关于建立更紧密经贸关系的安排〉经济技术合作协议》，促进了内

① 《澳门特别行政区五年发展规划（2016—2020 年）》，第 17 页。

② 《澳门经济概况 2017 年》，https://www.economia.gov.mo/public/data/nc/wn/attach/c8bdca70b06d7d7cfe52f750862ba70476d821fb/sc/macau_economy_intro_sc.pdf，2018 年 12 月 26 日访问。

③ 《澳门特别行政区五年发展规划（2016—2020 年）》，第 3 页。

地与澳门贸易投资便利化，提升了双方经贸、经济技术交流与合作水平。据统计，从 2004 年 1 月至 2020 年 5 月零关税货物累计出口金额为 1075579472 澳门元，“澳门服务提供者证明书”数量为 817 件。① CEPA 的实施，不仅全面推动了澳门经济的发展，而且对澳门经济实现多元化发展、提升其国际竞争力具有强大的推动作用，更是为澳门经济实现可持续发展注入了新的活力。②

澳门特区全国人大代表、澳门归侨总会会长刘艺良说，澳门的发展离不开国家的支持，在中央的大力关心和支持下，澳门将更深更广地融入国家发展大局，实现资源共享、互惠互利、合作共赢。③《新华澳报》也发表评论说，广大澳门同胞在“大河涨水小河满”的实质性受惠中，深切体味“祖国好，澳门更好”的哲理，反过来更主动热情地融入国家发展大局，促成“澳门好，祖国更好”的循环，相辅相成，合二而一。④

（二）有利于积极融入国家发展大局、支持国家建设

香港、澳门融入国家发展大局，是“一国两制”的应有之义，是改革开放的时代要求，也是香港、澳门探索发展新路向、开拓发展新空间、增添发展新动力的客观要求。⑤ 澳门居民具有

---

① 《澳门特别行政区经济局：更紧密经贸关系安排》，https：//www. economia. gov. mo/zh_CN/web/public/ln_cepa_sd？ _refresh = true？ _refresh = true，最后访问时间，2020 年 6 月 20 日。

② 郭永中：《从“一国两制”看 CEPA 在澳门的成功实践》，载《中国特色社会主义研究》2008 年第 4 期。

③ 《融入国家发展大局成港澳代表委员关注热点》，载人民网，http：//hm. people. com. cn/n1/2018/0305/c42272 – 29847617. html，2018 年 12 月 17 日访问。

④ 《港澳舆论关注政府工作报告支持港澳融入国家发展大局》，载新华网，2018 年 12 月 17 日访问。

⑤ 《习近平：会见香港澳门各界庆祝国家改革开放 40 周年访问团时的讲话》，http：//politics. people. com. cn/n1/2018/1113/c1024 – 30396431. html，2018 年 12 月 17 日访问。

比较浓厚的国家认同感，有利于澳门居民积极融入国家发展大局、支持国家建设。

习近平主席在庆祝香港回归祖国20周年大会上提出，港澳要始终聚焦发展这个第一要务，发展是解决港澳各种问题的金钥匙。港澳背靠祖国，一定要珍惜机遇、抓住机遇，把主要精力集中到搞建设、谋发展上来。① 当前，国家经济发展进入新常态，走向新阶段。国家“十三五”规划进一步确立了澳门在国家发展中的定位，明确澳门管理海域和陆界的范围，澳门要更好地把握祖国新一轮发展的大好机遇，用好用足国家对特区发展的利好政策，推进澳门经济多元发展和空间拓展。②

澳门政府在拓展发展空间方面，携手泛珠省区贯彻落实《国务院关于深化泛珠三角区域合作的指导意见》，将泛珠三角区域作为内地与澳门深度合作核心区。依照《粤澳合作框架协议》，积极参与自由贸易试验区横琴片区、南沙片区、前海片区等重要合作平台的建设发展。③ 随着2017年政府工作报告首次写入“粤港澳大湾区”及签署《深化粤港澳合作推进大湾区建设框架协议》，标志着粤港澳大湾区建设由此正式驶入轨道。实施粤港澳大湾区建设，是我们立足全局和长远作出的重大谋划，也是保持香港、澳门长期繁荣稳定的重大决策。④ 此外，澳门政府重视与长江经济带的合作，有序筹建“苏澳合作园区”。⑤ 并在未来5年，强化闽澳合作、京澳合作、澳台合作、港澳合作和泛珠三角

---

① 习近平：《坚守“一国”之本善用“两制”之利》，载中国新闻网，http：//www. chinanews. com/ga/2018/07 - 01/8552974. shtml，2018年12月17日访问。

② 《澳门特别行政区五年发展规划（2016—2020年）》，第5页。

③ 同上注，第72—73页。

④ 《习近平：会见香港澳门各界庆祝国家改革开放40周年访问团时的讲话》，载人民网，http：//politics. people. com. cn/n1/2018/1113/c1024 - 30396431. html，2018年12月17日访问。

⑤ 《澳门特别行政区五年发展规划（2016—2020年）》，第73页。

区域合作，在现有的基础上扩充合作内涵和质量。①

（三）有利于参与国家治理实践、助力国家改革开放和现代化建设

国家治理体系和治理能力，是一个国家制度和制度执行能力的集中体现。党的十九大更是把推进国家治理体系和治理能力现代化作为新时代中国特色社会主义全面深化改革总目标。国家“十三五”规划中，已将澳门纳入国家治理体系，澳门居民具有比较浓厚的国家认同感，有利于实现习近平主席在会见香港澳门各界庆祝国家改革开放40周年访问团时所提出的希望，即港澳同胞要按照同“一国两制”相适应的要求，积极参与国家治理实践，用多种方式支持国家参与全球治理，助力国家改革开放和现代化建设。②

澳门特区融入国家发展大局，是“一国两制”的应有之义，是改革开放的时代要求，也是澳门探索发展新路向、开拓发展新空间、增添发展新动力的客观要求。③ 通过融合发展推动国家治理现代化进程，有效对接国家治理体系。在国家扩大对外开放的过程中，澳门居民具有比较浓厚的国家认同感有利于澳门居民积极推进改革开放和现代化建设，继续发挥自身与国际联系广泛、专业服务发达等优势，同内地市场广阔、产业体系完整、科技实力较强等优势结合起来，打造成国家双向开放的重要桥头堡，④在国家实现现代化发展进程中贡献更大的力量。

---

① 《澳门特别行政区五年发展规划（2016—2020年）》，第73页。

② 《习近平：会见香港澳门各界庆祝国家改革开放40周年访问团时的讲话》，载人民网，http：//politics. people. com. cn/n1/2018/1113/c1024 - 30396431. html，2018年12月17日访问。

③ 同上注。

④ 《习近平：会见香港澳门各界庆祝国家改革开放40周年访问团时的讲话》，载人民网，http：//politics. people. com. cn/n1/2018/1113/c1024 - 30396431. html，2018年12月17日访问。

回归后的历程是澳门同内地优势互补、一起发展的历程，是澳门居民和祖国内地人民同心协力、一起打拼的历程，也是澳门融入国家发展大局、共享祖国繁荣富强伟大荣光的历程。在新时代国家改革开放进程中，澳门仍然具有特殊地位和独特优势，仍然可以发挥不可替代的作用。[①] 随着“粤港澳大湾区”中心城市的确立，澳门应不断提高澳门特区的治理能力和水平，继续主动对接并融入国家治理体系，积极发展“一中心”和“一平台”优势，发挥辐射带动周边经济持续发展的引擎作用。

四、对促进国家统合进程的积极作用

国家统合聚焦于国家主权与领土完整，强调国家优位的政治共识，核心是中央与地方的关系，[②] 其核心要素在于高效配置中央与特区的权力架构，增加政治互信。澳门居民具有比较浓厚的国家认同感有利于促进国家统合进程，有利于从国家整体、全局出发，确立“特定的模式或理想型的制度安排”，使国家成为“具有广泛包容性的‘统而不同’的政治大框架、大格局”，[③] 同时也有利于对香港特区和台湾地区起到示范、启示作用。

（一）有利于促进国家统合进程

现代国家建构视野下的国家统合，是在中央政府主导下，在承认和尊重地方各行政区域单位差异性的基础上，不以这种差异性为

---

① 《习近平：会见香港澳门各界庆祝国家改革开放40周年访问团时的讲话》，载人民网，http://politics.people.com.cn/n1/2018/1113/c1024－30396431.html，2018年12月17日访问。

② 魏健馨、李素美：《国家统合理论视野下“港独”现象法律剖析》，《“一国两制”研究》2017年第2期。

③ 王振民：《“一国两制”下国家统一观念的新变化》，载《环球法律评论》2007年第5期。

转移而保留各行政区域单位的独特发展空间以及一定程度的政治决策权力。[①] 通过统筹设计和整合优化，将各行政区域单位纳入统一的宏观政治框架和宪法秩序之中，以培育形成国家主权统一的政治认同，建构共生共荣的政治共同体的方式和实践过程。[②]

就特别行政区而言，国家统合不是“同化”或者“去差异化”，国家统合是在既定的国家制度框架内寻求与非同质的地方行政区域单位之间权力配置的协调，促进并实现国家主权与领土统一，可以说“一国两制”实质上就是国家统合的制度实践，是借助于国家制度的国家统合。[③]“两制”的实践应当在“一国”——国家制度统合的前提下充分展开，并以维护单一制国家结构形式制度下主权国家的宪法权威与国家制度为首要条件。[④] 在“一国两制”框架下，“统而不同”就是在保障国家统合的前提下，发挥“两制”不同的优势，服务并保障于“一国”。

澳门居民具有比较浓厚的国家认同感，有利于促进国家统合进程。因为国家认同感的重要意义，在于它是国家统一与稳定不可缺少的社会心理基础，是拥护国家统一、主权统一的前提与根基。主权国家管理下的公民，如果不具有国家认同，就会滋生离异情绪，而类似否定性的情绪体验极易诱导个体、群体极端行为的发生，甚至有可能导致国家的分崩离析。[⑤] 澳门居民具有比较浓厚的国家认同感，就有利于澳门社会形成国家认同和政治共识，保障中央全面管治权的贯彻落实，并对澳门居民自觉尊崇法治、拥护中央权威形成指引作用，从而根除分离主义的生存空

---

① 魏健馨、李素美：《国家统合理论视野下“港独”现象法律剖析》，载《“一国两制”研究》2017 年第 2 期。

② 同上注。

③ 魏健馨：《“一国两制”基本原则与国家制度统合》，载《华南师范大学学报（社会科学版）》2018 年第 3 期。

④ 同上注。

⑤ 魏健馨：《共同体意识的宪法统合》，载《学习与探索》2018 年第 7 期。

间，促进国家统合。[①]

（二）对香港特区和台湾地区可以产生示范、借鉴和启示作用

“一国两制”的构想，最初是邓小平同志为争取和平解决台湾问题提出来的，后来适用于香港特区和澳门特区。回顾港澳回归后的制度实践，可以看到国家认同感是“一国两制”的核心价值。[②] 对于香港特区来说，香港同胞对“一国两制”在香港实施的现实已基本认可，对香港未来发展的信心逐步增强，对特区政府的认同逐步增强，对中国和中央政府的认同逐步增强。但是由于种种因素的影响，香港少数人士在国家认同方面仍存在着一些有待解决的问题，包括对“一国两制”的深层认同，人心回归，文化认同等问题。[③] 如果现在还有人对中华人民共和国、对中国政府没有信任感，那么，其他一切都谈不上了。[④] 然而，无论如何，在实行“一国两制”的过程中，国家认同感都是无法回避的问题，它影响着国家统合进程的推进。在这方面，如时任全国人大常委会委员长张德江视察澳门时所述，澳门这片“一国两制”成功实践的热土，作为“一国两制”示范区，“澳门经验”可给香港以启迪。[⑤]

对于台湾地区，抛开两岸的意识形态歧见不说，“一国两制”仍是目前最佳的两岸统一架构。“一国两制”具有区别于德国模

① 魏健馨、李素美：《国家统合理论视野下“港独”现象法律剖析》，载《“一国两制”研究》2017 年第 2 期。

② 陈佐洱：《基于宪法的国家认同是“一国两制”和基本法成功实践的核心价值》，载中国新闻网，http://www.chinanews.com/ga/2017/06-20/8255383.shtml，2018 年 12 月 17 日访问。

③ 冯颖红：《关于在“一国两制”条件下促进香港同胞“国家认同”的思考》，载《广东省社会主义学院学报》2009 年第 4 期。

④ 邓小平：《一个国家，两种制度》，《邓小平文选》（第 3 卷），人民出版社 1993 年版，第 60 页。

⑤ 《张德江委员长视察澳门给香港的启示》，载《文汇报》2017 年 5 月 2 日。

式的独特优势。德国模式是一种吞并式统一，虽然统一的程度更高，但会耗费巨额的统一成本，并造成统一时的剧烈社会动荡。[①] 相较而言，港澳模式“不是立即用一种制度去改造另一种制度，而是让两种制度同时并存，共同发展。它通过最大限度地‘维持现状’，来减少统一后因制度差异而产生的制度碰撞”。[②] 同时解决台湾问题的政策比解决港澳问题的政策更宽，所谓更宽，就是除了解决香港、澳门问题的这些政策可以用于台湾以外，还允许台湾保留自己的军队。[③] 习近平主席强调，我们追求国家统一不是形式上的统一，更重要的是两岸同胞的心灵契合。70 多年来，我们把握两岸关系的时代变化，提出和平解决台湾问题的政策主张和“一国两制”科学构想，确立了“和平统一、‘一国两制’”的基本方针，进而形成了坚持“一国两制”和推进祖国统一的基本方略，回答了新时代推动两岸关系和平发展、团结台湾同胞共同致力于实现民族伟大复兴与和平统一的时代命题。

古人云：“恩德相结者，谓之知己；腹心相照者，谓之知心。”两岸同胞是命运与共的骨肉兄弟，是血浓于水的一家人。我们秉持“两岸一家亲”理念，尊重台湾现有的社会制度和台湾同胞生活方式，愿意率先同台湾同胞分享大陆发展的机遇。[④] 同时也坚决维护国家主权和领土完整，绝不容忍国家分裂的历史悲剧重演，一切分裂祖国的活动都必将遭到全体中国人坚决反对，绝不允许任何人、任何组织、任何政党，在任何时候、以任何形

---

① 庄吟茜：《“一国两制”在台湾的污名化：剖析与澄清》，载《台湾研究》2016 年第 1 期。

② 王英津：《论“一国两制”的生命力及其台湾模式的续建》，载《中华文化复兴论坛会议论文集（2015 年）》，第 371 页。

③ 邓小平：《在中央顾问委员会第三次全体会议上的讲话》，《邓小平文选》（第 3 卷），人民出版社 1993 年版，第 86 页。

④ 《习近平：坚持“一国两制”，推进祖国统一》，载人民网，http：//jhsjk.people.cn/article/29635040，2018 年 12 月 31 日访问。

式，把任何一块中国领土从中国分裂出去。① 促进国家统合进程中不仅需要香港、澳门与祖国内地坚持优势互补、共同发展，需要港澳同胞与内地人民坚持守望相助、携手共进，更是与台湾的前途息息相关。两岸同胞要相互扶持，不分党派、不分阶层、不分宗教、不分地域，都参与到民族复兴的进程中来。②“台湾前途在于国家统一，台湾同胞福祉系于民族复兴，在中华民族走向伟大复兴的进程中，台湾同胞定然不会缺席。两岸同胞要携手同心，共圆中国梦，共担民族复兴的责任，共享民族复兴的荣耀。”③ 澳门回归祖国 20 多年的成功实践，或许可以为台湾问题的解决提供可资借鉴的示范作用。

---

① 《习近平：坚持“一国两制”，推进祖国统一》，载人民网，http：//jhsjk.people.cn/article/29635040，2018 年 12 月 31 日访问。

② 《习近平：中华民族近代以来最伟大的梦想——关于实现中华民族伟大复兴的中国梦》，《习近平总书记系列重要讲话读本》（2016 年版），学习出版社、人民出版社 2016 年版。

③ 《习近平：坚持“一国两制”，推进祖国统一》，载人民网，http：//jhsjk.people.cn/article/29635040，2018 年 12 月 31 日访问。

第四章　进一步提升澳门居民国家认同感的建议

在以习近平同志为核心的党中央坚强领导下，中央人民政府正确贯彻了“一国两制”基本国策，严格按照国家宪法和澳门基本法管治澳门。与此同时，澳门特区政府认真按照宪法和基本法履践“澳人治澳，高度自治”，并积极实施“以人为本”的施政纲领。因此，澳门特区呈现一片经济繁荣、社会安定、环境祥和、生活比较富裕的景象，澳门居民的国家认同感总体上处于较高的程度，这是一件非常令人欣喜的大好事。不过，毋庸否认，澳门社会还存在一些有待解决的问题，居民的国家认同感仍有进一步巩固和提升的空间。

这里所说的“提升”澳门居民国家认同感，包含两方面含义：一是指提高对国家表示正面积极认同的人数；二是指提高对国家表示正面积极认同的度数，即提高认同度，即从较差认同度提高至一般认同度，从一般认同度提高至较高认同度，从较高认同度提高至最高认同度。

本课题组通过对澳门社情民意的频繁接触和深入观察，通过对澳门领导层、一般公务员、诸多主要社团、社会精英人物的大量而深入的访谈，通过对一般居民民众、包括出租车司机和街头巷尾随机沟通，通过大致能反映澳门居民国家认同感及其认同度的书面问卷调查，经过谨慎缜密的分析与思考，拟提出以下一些措施，以进一步提升澳门居民国家认同感。

第一节　根本性措施

提升澳门居民国家认同感的根本性措施之一，就是把国家建设好、发展好、维护好。唯有把国家物质文明、精神文明、政治文明、社会文明、法治文明和生态文明建设好、发展好和维护好，把中国建设成现代化文明国家，实现中华民族伟大复兴，使包括港澳台人民在内的中国人民过着日益丰裕、愉悦、健康、幸福的生活，让全体人民有获得感、幸福感和满足感，才能使全体公民对自己的国家有越来越高、越来越深厚的认同感。

提升澳门居民国家认同感的根本性措施之二，就是国家的一切行为，主要是内外政策得当，在国际上具有良好的形象，使澳门居民不但脸上有光，而且心中充满对国家的自豪、荣光和尊崇感。与此同时，国家对澳门特别行政区的方针、政策、举措力求正确得当，使澳门居民过着安全、健康、富裕、自由、民主的生活，增进国家对澳门居民的亲和力、凝聚力和向心力。

提升澳门居民国家认同感的根本性措施之三，就是确保“一国两制”基本方略和基本国策顺利施行，确保港澳特别行政区长期保持稳定、繁荣、发展，并将其逐步融入国家发展大局，使特别行政区居民共享国家发展的荣光。言必行、行必果，信守承诺、兑现诺言，“一个国家、两种制度，港人治港、澳人治澳，高度自治”，50 年不变。

众所周知，国家已经并将进一步采取根本性措施以形成和提升澳门居民国家认同感，我们对此充满信心。坚信随着时间的推移，随着“一国两制”理论和实践的发展，澳门居民必有更多的获得感、更大的幸福感，从而具有更强的国家认同感。

第二节　针对澳门特区全体居民的普适性措施

一、加强“一国两制”基本方略和基本国策的宣传教育与意识普及

作为和平解决历史遗留问题、完成国家统一的战略构想和基本国策，“一国两制”自1983年正式提出后，经过港澳两个特别行政区的成功实践，已经取得举世瞩目的成就，并作为国家的基本方略，列入党的十九大报告中的今后国家建设和发展的14项基本方略之一。总体上说，生活在“一国两制”社会环境内的澳门居民，通过20多年的切身体悟，对实行“一国两制”所带来的福祉，绝大多数人感到满意或基本满意。从澳门有关高等学校和许多社会团体历年所作的问卷调查来看，澳门居民的国家认同感在逐年提升，从1999年刚刚回归时的60%—70%国家认同感比例，提升至前几年的70%—80%，近几年比较稳定在80%左右。本课题组和澳门大学法学院及各主要社团合作，于2018年底完成的问卷调查表明，澳门居民对国家的正面积极评估比例达到95%以上。当然，包括问卷调查在内的任何一项社会调查都是不完美、不周延、难以完全准确的，只能是相对准确、大致准确，本课题组的问卷调查也不例外。即使主动减去一定权重比例，其真实度和准确率当不低于85%—90%，而这个权重比例可以见证，绝大多数澳门居民对国家的认同感是正面的、积极的。对此，可以作出两方面判断：第一，说明20多年来，“一国两制”概念与内涵在澳门是比较深入人心的，一个国家、两种制度、澳人治澳、高度自治在澳门社会和澳门居民中得到比较好的

认可、比较高的认同度，说明“一国两制”基本方略在澳门得到了比较好的贯彻实施；第二，这个较高认同度比例同时也说明，“一国两制”方针政策在具体贯彻落实过程中，还是有不够完善、不够精准、不够全面、不够深入之处，澳门居民的国家认同感还有进一步提升的空间和余地。

凡是对“一国两制”概念与内涵比较了解、比较理解，因而比较赞同的居民，对国家的认同度就比较高，认同感就比较强；反之，对“一国两制”概念与内涵不了解或不甚了解、不理解或不甚理解的居民甚至误解的居民，对国家的认同度就比较低，认同感就比较弱。与此同时，我们在从事“一国两制”的工作过程中，贯彻“一个国家、两种制度，澳人治澳、高度自治”方针政策得当或不得当，具体工作到位或不到位，都会直接或间接地影响到澳门居民的国家认同感和认同度。

为了增强澳门居民国家认同感，巩固和提升其认同度，建议采取或进一步采取以下措施。

（一）进一步加强有关“一国两制”基本方略和基本国策的宣传普及，使“一国两制”理念人人皆知、家喻户晓

这种普及宣传工作必须是主动、积极的，同时又是准确、恰当、柔性的，自然而然和可接受的。根据“春风风人，夏雨雨人”的原则，通过“随风潜入夜，润物细无声”的耐心细致的方式方法，让人乐意接受“一国两制”理念与具体内涵。

（二）在普及“一国两制”理念基础上，进一步加深“一国两制”具体内涵的学习与教育

首先从中央派驻特别行政区的机构人员和内地在特区的国企管理与经营人员做起，学习和掌握“一国两制”理论知识，以指导有关“一国两制”的各方面工作，将党和国家关于“一国两制”的方针政策及时而准确地贯彻落实到“一国两制”的具体实践中去，做贯彻落实“一国两制”方针政策的表率与模范。

力求减少乃至杜绝在“一国两制”工作中的差错与失误、缺位或不到位、操之过急或滞后不力。须知，有时候不经意间的一个小小失误或差错，会因为舆论渲染和媒体放大而产生叠加效应，加重了负面影响；反之亦然，一个不起眼的暖心举措，获得了意想不到的效果。可见“细节决定成败”的警语是值得认真汲取的。

（三）在上述基础上，将宣传普及工作深入下去，深入学校，深入社区，深入社团，深入文化场所和公共区域

20 多年来，澳门在这方面的工作是卓有成效的，特别是学校和社团的工作。但是在原有基础上，宣传普及工作依然大有空间、大有作为。通过各种各样途径、生动活泼形式、灵敏机动方法、创新平台载体，“一国两制”的宣传普及教育工作有望更有成效、取得更大成绩。

（四）整合“一国两制”研究力量，建立全澳相关研究机构

以充分而厚重的“一国两制”研究力量和研究成果作为“一国两制”宣传普及教育工作的支撑和后盾。澳门理工学院“一国两制”研究中心成立多年以来，依靠澳门力量，联合内地学者，根据国家形势和特区实践需求，历年来举办了一系列学术研讨会，出版了许多有关“一国两制”课题的著作、文论和问卷调查报告，创办了《“一国两制”研究》杂志，对“一国两制”的理论研究和经验总结作出了很大贡献。在此基础上，已经到了整合全澳力量、提升研究水平、扩大研究成效的时候了。建议成立全澳“一国两制”研究中心，以澳门高校与研究院所为主，适当吸纳内地研究机构和高校的专家学者，组成一支以研究“一国两制”理论与实践问题的专业研究队伍，以理论和理据指导、支撑“一国两制”实际工作和宣传普及教育工作。

二、加强国家宪法和特区基本法的学习与推广

1999 年澳门回归以来，澳门特区对澳门基本法的宣传、学习、教育和研究都取得了可喜的成绩。澳门居民的国家认同感总体上程度比较高，和基本法的宣传普及教育是分不开的。由各方人士组成的澳门特区基本法推广协会，在这方面做了大量卓有成效的工作，成绩斐然，功不可没。然而，由于过往一段时间以来，对国家宪法的宣传普及、教育培训、研究讨论相对较为薄弱，一般居民对宪法内涵及宪法与基本法的关系知之甚少或者认识偏颇，甚至毫无了解。据此，我们认为今后必须加强对宪法的学习、教育与研讨。具体建议如下。

（一）今后在推广普及基本法学习教育的同时，对国家宪法的学习和普及教育要进行补课，以弥补过去学习与普及教育的不足

通过认识宪法、了解宪法、学习宪法、感知宪法，澳门居民普遍了解国家宪法的基本结构、大致内容和主要功能。

（二）在一般了解宪法的基础上，着重解决如何准确认识国家宪法的效力和宪法实施问题

必须让全体居民认识到以下内容。

第一，一个国家一般都有一部宪法，单一制国家更是只有一部宪法，不可能存在其他宪法。由于历史原因，只有像美国那样的联邦制国家，除了联邦国家宪法，还会有州的宪法。中国是单一制国家，故只有一部统一的国家宪法。

第二，国家宪法的效力及于国家全部领域，包括实行高度自治的特别行政区。那种认为我国宪法仅仅在内地有效的认识是错误的、偏颇的、不符合法理的。正如特别行政区基本法虽然针对

特别行政区而制定，主要在特别行政区直接施行，但在国家内地的省市区域里，同样具有法律效力，任何组织和个人不得有违反甚至破坏基本法规定的行为。基本法效力如此，国家根本大法效力更是如此。

第三，必须正确区分法律效力和法律实施问题。基本法虽然具有全国的法律效力，但只在特区实施而不在内地任何地方实施。国家宪法不但具有全国领域的法律效力，而且宪法精神，宪法原则，宪法有关国家主权、领土完整、国家统一、国家安全、国家国防与军事防务的规定，宪法有关全国性规范的其他规定条文在特区都是适用的、实施的。当然，根据宪法明文规定以及基本法具体规定，国家宪法的许多规范内容是不在特区适用和实施的。简言之，凡是涉及“一个国家”内容的宪法规范必须同时也在特区适用并实施；凡是涉及“两种制度”中明文规定不在特区实施的，以及基本法已经另有规定的宪法规范就不在特区适用和实施。

（三）必须确认宪法和基本法共同构成特别行政区的宪制基础

曾几何时，有一种说法，“特别行政区基本法是特区的小宪法”。必须强调的是，这是一种错误的说法，因为宪法没有大小之分，只有成文宪法和不成文宪法之分、社会主义宪法和资本主义宪法之分、篇章结构不同之分、篇幅长短之分。何况一个单一制国家只有一部宪法，没有第二部宪法。把基本法称为“小宪法”看起来是拔高了基本法，实际上是矮化了宪法，虚无了宪法，造成了宪法似乎不在特别行政区生效、适用和实施，唯有基本法是特区最高位阶法律的错觉。这种错误观点必须纠正。从“一国两制”视角看，国家宪法是规范“一个国家”内涵的根本法，特区基本法主要是规范“两种制度”中的第二种制度，即与国家主体社会主义制度不同的资本主义制度内容的基本法律。在特区法律体系中，最高位阶法律是国家宪法，次高位阶法律是基本法，两者构成了特别行政区的共同宪制基础。

（四）整合澳门特区宣传推广与教学研究宪法和基本法的机构与力量，成立全澳“宪法与基本法研究中心”或者“宪法和基本法推广研究中心”

这个中心和前述建议成立的“一国两制”研究中心，两者的研究对象与研究内容是不一样的，前者研究、推广的内容主要是宪法和基本法，偏重于法律、法制和法治的研究与推广；后者研究、推广的范畴是非常广泛的，包括“一国两制”的性质、功能、内涵及其发展规律与演变历史，涉及“一国两制”领域的经济、政治、文化、社会、生态等。澳门原有的“基本法推广协会”力量雄厚，运转有方，活动频繁，成效显著，其工作值得称赞与表彰，其经验值得总结和推广，其机构理应继续存在和发展，建议今后加上宣传研究宪法的职能，更名为“宪法与基本法推广协会”。不久前澳门大学成立了“宪法与基本法研究中心”，其职能主要是从事宪法与基本法的理论研究，并承担一部分宪法与基本法的教学任务，这是值得庆贺的事。如果“宪法与基本法推广协会”吸收澳门各高校与研究机构有关人员加盟协会工作，则可易名为“宪法与基本法推广研究协会”。澳门理工学院在原有的“一国两制”研究中心之外，或可联合其他高校研究力量成立“宪法与基本法研究中心”，或者可以考虑成立“‘一国两制’研究中心”和“宪法与基本法研究中心”。

三、中央要鼓励并确保澳门居民参与国家事务的管理

（一）关于澳门居民行使管理国家事务权力的状况

我国宪法第 2 条第 1 款规定：“中华人民共和国的一切权力属于人民。”这里的人民，是指全国各族人民，当然包括了澳门人民。第 2 款规定：“人民行使国家权力的机关是全国人民代表

大会和地方各级人民代表大会。”由于实行“一国两制”，不在澳门实行人民代表大会制度，因此澳门没有人民代表大会及其常务委员会，但是可以通过体现一个国家的全国人民代表大会来行使管理国家的权力。第3款规定：“人民依照法律规定，通过各种途径和形式，管理国家事务，管理经济和文化事业，管理社会事务。”据此，澳门人民管理国家的途径和形式是多种多样的。与此相应，依据宪法制定的澳门基本法第21条规定，“澳门特别行政区居民中的中国公民依法参与国家事务的管理”，并根据全国人大确定的代表名额和代表产生办法，由澳门的中国公民在澳门选出全国人民代表大会代表“参加最高国家权力机关的工作”。澳门基本法第24条和第26条分别规定澳门居民包括永久性居民和非永久性居民，其中“永久性居民依法享有选举权和被选举权”。原来澳门有第十三届全国人大代表12名，其中贺一诚先生（原立法会主席）为全国人大常委会委员。由于贺先生当选为特首，已经辞去人大常委会委员之职。

澳门居民的全国人大代表来自教育、工会、商会、街坊总会等各个行业和社团，他们都很好地履行了自己的职责。他们一方面做好自身行业工作；另一方面积极参与国家管理工作，其履职情况如下。

1. 集体参与国家管理工作，比如直接参加人大相关会议，多次参加立法调研、执法检查、工作视察、问题调研等。

2. 积极提出议案，取得明显效果。议案大多涉及祖国内地和特区之间的良性互动问题，关于国家重大政策和民生问题，比如建议多办公立幼儿园以解决学前教育问题的议案被采纳并得到落实，国家教委已经发出相关文件；关于增加教育资源投入比例的议案，获得财政部的高度重视和积极回应。

3. 经常以专业知识参与涉外活动，开展民间外交，开拓国际人文交流，特别是在葡语国家和侨界方面，澳门具有不可替代的作用。通过以上参与国家管理工作和活动，不仅加深了人大代表本人的国家认同感、提高了认同度，而且促进了澳门同整个国家与祖国各地的交流沟通，从而增进了澳门社会的国家认同感，提高了澳门社会的国家认同度。

（二）关于澳门居民参与政治协商、民主监督、参政议政的状况

《中国人民政治协商会议章程》总纲规定，中国人民在长期的革命、建设、改革进程中结成了包括港澳台同胞和海外侨胞在内的“最广泛的爱国统一战线”，中国人民政治协商会议是“中国人民爱国统一战线的组织”，是多党合作和政治协商的重要机构，是我国发扬政治民主的重要形式，是国家治理体系的重要组成部分，是具有中国特色的制度安排，“团结和民主”是人民政协的两大主题。政协章程第22条第1款规定，中国人民政协全国委员会“由中国共产党、各民主党派、无党派人士、人民团体、各少数民族和各界的代表，香港特别行政区同胞、澳门特别行政区同胞、台湾同胞和归国侨胞的代表以及特别邀请的人士组成，设若干界别”。第13条第2款规定，全面准确贯彻“一国两制”、“港人治港”、“澳人治澳”、高度自治的方针，严格依照宪法和基本法办事，加强同香港特别行政区同胞、澳门特别行政区同胞的联系和团结，鼓励他们为保持港澳地区长期繁荣稳定，为建设祖国和统一祖国作出贡献。政协章程还规定，政协的主要职能是“政治协商、民主监督、参政议政”。

相对于少量的人大代表，澳门的政协委员数量比较多（平均不到2000人就有一位政协委员），活动也多，非常活跃。为了更好地组织协同政协委员工作，2016年12月成立了澳门省级政协委员联谊会。他们共同的感受如下。

1. 发挥政协委员的双重作用，即参政议政作用和本地本职的表率作用。与上述人大代表类似，政协委员所提出的许多提案，

大多涉及祖国内地同澳门之间的相互合作问题和社会民生问题。

2. 参政议政的责任意识、主动意识、忧患意识更加强化了，政协委员的引领作用更加显现了。

3. 他们普遍感到国家对知识和知识分子更加重视了，国家对政协委员的意见和建议更加重视了。

4. 国家对特区逐渐从招商引资转入国家发展和特区发展、内地和特区的融合发展，一方面有力地促进了粤港澳大湾区的融合发展态势；另一方面也突出发挥了澳门作为旅游博彩休闲会展中心作用和东西文化交会地的独特作用。

最近两年来政协联谊会和政协委员们尝试性地做了一件事，就是“政协委员进校园”，宗旨是请政协委员现身说法，让全体师生了解政协委员是如何代表各界人士参与国家和社会的政治协商、民主监督和参政议政的，使师生们增强对国家的认同感。2018 年 3 月开始筹备，9 月学校开学季到来时政协委员就进校宣讲。首先走入的校园是甘肃省政协委员高锦辉博士任校长的澳门第一名校——培正中学，由河南省政协委员、媒体人李自松先生主讲。那一天传媒跟进，《澳门日报》、电视台等工作人员的到来使气氛非常热烈，人气非常火爆，不仅满座，而且许多人都站到了走道上，主讲人和听众还有互动环节，为时 1.5 小时，取得了非常好的效果。当年，政协委员进校园一共进了 4 所中学（培正、濠江、培华、教业）和两所高校（科技大学和城市大学）。2019 年再次举办了政协委员进校园活动。

（三）需要进一步改善的问题

在澳人大代表和政协委员不仅是国家和澳门居民之间、内地和特区之间的桥梁和纽带，而且也是代言人和通信员，可以起到上情下达和下情上传的良好作用，无数事实证明了这一点。本着好的经验要传承、发扬和创新，存在的问题要解决，不足之处要改善的精神，我们认为需要着力解决以下几个问题。

1. 关于进一步发挥人大代表和政协委员作用的建议：总结“政协委员进校园”活动的经验与不足，作为一种制度，必须坚持下去，而且可以逐步扩大接触面，普遍进入大中小学；增加互动环节和时间，让政协委员和师生们面对面地进行交流沟通、释疑解惑，这比单向性的老师上课和媒体传播的效果好，对师生们形成健康而良好的家国情怀与内地情结大有裨益。同时，借鉴政协委员进校园的经验，澳区全国人大代表也可以进校园，和大中小学师生进行互动和沟通。也可以采取人大代表和政协委员联合进校园的办法，进一步丰富和扩展代表委员和青少年学生的接触和互动，增强代表委员同教育界和知识界的良性互动关系，不仅可以促进代表委员参与国家事务管理和社会管理的职能与作用，同时也必定会促进教育界、青少年、知识精英的国家认同感。代表、委员不仅可以进校园，还可以进社区、进社团，以进一步宣传全国“两会”精神，进一步增进澳门居民的国家认同感。

2. 关于澳门社会组织和爱国社团与祖国内地对接问题：除了人大代表和政协委员，目前澳门的青联、妇联、侨联和国家的妇联、青联、侨联有对接联系，但是总工会方面没有对接关系。有澳门居民担任全国青联副主席、全国侨联副主席、全国妇联执委，而没有人在全国总工会任职。我们认为，借鉴全国政协副主席中都有港澳人士，全国总工会、妇联、青联和侨联的副主席或者执行委员中都应当有澳门居民的一席之地。此外，全国学联中也应有澳门学生的席位。还可以将与工会、青联、妇联、学联、侨联的紧密关系普遍扩展至省、自治区和直辖市层级。这样可以进一步全方位地衔接国家在工会、青联、妇联、学联系统同澳门特区的紧密关系，促进相关社会团体的工作，以增进澳门工人、青年、妇女、学生和澳门侨界的国家认同感。

3. 如何参与管理国家和参政议政问题：部分人大代表和政协委员感觉到，人们对国家和社会存在问题议论多、批评多，而建设性的意见太少。如何发展国家、如何建设社会，最需要的是建设性的真知灼见。因此，今后参加国家管理和参政议政，站位要高、视野要广、思路要阔、途径要多、方法要新，即以创新思维参加国家管理和社会建设。据此，我们认为，实践出真知，他们可以通过自己的履职过程不断提高履职的能力和水平。为了提高履职成效，少走弯路，更好地代表澳门居民行使管理国家和社会的神圣职责，有必要对他们特别是新任的人大代表和政协委员进行必要的业务培训和轮训。培训的主要内容有 3 项：一是认知国家根本政治制度和基本制度；二是如何当好人大代表和政协委员；三是作为澳门特区的人大代表和政协委员，如何代表澳门居民来履职并同澳门居民保持广泛的联系。

4. 关于吸纳青年人参加国家事务管理问题：要积极为青年人创设学习、就业、工作、生活等条件，为年轻居民解除后顾之忧；同时对青年人给予爱国爱澳教育，给予国情社情和历史文化教育；人民代表、政协委员、社团领导需逐步年轻化，使青年人得以传承爱国爱澳历史传统，担当起行使国家管理和参政议政的现实责任。除了组织年轻人经常到内地参观访问外，应吸纳更多青年学子入学内地高校，鼓励青年知识分子参与支教脱贫工作，建议为他们创设同人大代表和政协委员接触沟通的机会，并予以机制化、制度化，以便使青年人更多地、更好地认知国家、国家制度、历史文化和现实社会，使他们尽早做好踏入社会、做好自己的准备，并把自身发展和国家命运、社会使命紧密相连，为人大代表和政协委员的顺利接班打下良好基础。

5. 关于进一步重视教育与教材的问题：澳门教育界历来就有爱国爱澳优良传统，而且代代相传，根深蒂固，这与澳门居民形成比较强的国家认同感大有关系。比如，原先的《品德与公民教育》教材已经在 60% 以上学校使用，这当然是好事，但还远远不够，亟须在中小学普遍推广开来。目前，由澳门教育界和人民教育出版社联合编写的新的历史教材也已开始使用，有一半多中学（初一、高一使用）采用，这也是非常不容易的事，也应该进一步在全澳中学推广开来。在贯彻落实国旗法方面目前非常顺利，除了一所国际学校尚未升国旗唱国歌外，其他学校都已实现升国旗和唱国歌仪式。个别小学因为办在市区大楼里，缺乏操场等必要条件，就采取播放视频录像方法来进行升国旗和唱国歌。可以说，澳门教育界在促进澳门居民国家认同感方面具有举足轻重的重要作用，值得点赞。不过，目前澳门教育界还没有代表人物参与国家教育相关机构及其监督管理工作，全国教育工作会议只有中联办负责人参加，没有特区政府和特区教育界代表参加，这是令人遗憾的事。希望今后特区教育界有人参与国家层面的有关教育监管机构或者社会团体组织工作，使特区教育逐渐融入国家教育体系。这对国家与内地教育事业和澳门教育事业都有好处。

6. 关于融入国家发展的问题：澳门回归 20 多年证明，国家好，澳门才好；澳门好，国家更好。澳门融入国家发展大局是天经地义的事，也是水到渠成的事，更是确保澳门保持长久繁荣、稳定、发展的必然。同时，特区融入国家发展对增强国家认同感大有好处。融入国家发展，包含两个层面：一是中央层面；二是地方层面，其具体内容包括经济、政治、文化、社会等各个领域。除了上述人大代表和政协委员工作的融入，此前已有大量的日常参观访问、旅游休闲、走亲访友、经贸与 CEPA 协议、学术人文交流、高校招生、暑期学生互访活动、扶贫支教善举、文体艺术展演等，甚至澳门与江苏两地之间已有人员互换、挂职工作之举。最近港珠澳大桥开通，《粤港澳大湾区规划纲要》出台又为融入发展提供了巨大的利好。这些都是可圈可点的现实。但在已有的实践过程中也存在这样那样的问题，有待中央有关部门进一步切实解决并不断优化。首先，澳门与祖国内地之间的人员来往、车辆通行与过境通关的便利化问题需要进一步解决与优化。其次，特区居民如何充分享受国民待遇问题，包括澳门居民赴内地报考公务员，赴内地从事教师、医师、律师等职业工作，要求服兵役，等等，是否可行，应予积极回应。不久前内地有关部门已经出台招收特区居民赴内地学校从事教师工作的规定，受到特区居民欢迎。今后如何通过法律和政策措施来不断完善人员往来、人才招聘及其一系列相关问题的妥善衔接，值得国家有关部门重视与细化。最后，国家及内地已经采取的措施需要进一步落实、落地、落细问题。如居住证的举措非常好、非常及时，但是还有待进一步落实到基层和经办单位及其人员身上，因为下面具体办事机构还未更新有关设备和设施，有些工作人员尚不清楚此事或者还不会具体办理。当然，此举内地与特区都要普遍宣传与落实。还有澳门居民建议《回乡证》实行终身制，具有身份证的功能，便于特区居民的往来与办事。

四、特区政府要确保和完善澳门居民参与特区事务管理与监督的权利行使

（一）澳门居民拥有多项管理澳门公共事务的特定权利

澳门基本法除了专章规定澳门居民具有广泛的权利和自由外，还有诸多条款规定了澳门居民拥有多项管理澳门公共事务的特定权利，如澳门特别行政区的行政机关和立法机关由澳门特别行政区永久性居民依照本法有关规定组成；澳门特别行政区永久性居民依法享有选举权和被选举权；澳门特别行政区行政长官由年满 40 周岁，在澳门通常居住连续满 20 年的澳门特别行政区永久性居民中的中国公民担任；澳门特别行政区行政会是协助行政长官决策的机构，行政会委员由澳门特别行政区永久性居民中的

中国公民担任；特区政府的主要官员由在澳门通常居住连续满 15 年的澳门特别行政区永久性居民中的中国公民担任；立法会议员由澳门特别行政区永久性居民担任，立法会多数议员由选举产生，立法会主席、副主席由在澳门通常居住连续满 15 年的澳门特别行政区永久性居民中的中国公民担任；澳门终审法院院长由澳门特别行政区永久性居民中的中国公民担任；澳门检察长由澳门特别行政区永久性居民中的中国公民担任；除依法留用、某些专业技术人员和初级公务人员外，澳门的公务人员必须是澳门特别行政区永久性居民；等等。这些规定充分说明了澳门居民具有广泛的管理澳门特区各种事务的权利，澳门居民是澳门地区的主人。这里的"管理"是广义的，包含选举和被选举的权利，直接管理和间接管理的权利，监督公职人员履行职责的权利。包括行政长官在内的所有公务人员都是依法受澳门居民委托履行管理澳门公共事务的职务，因而都必须接受澳门居民的监督。

（二）澳门回归 20 多年来在经济发展和社会建设方面取得的巨大成绩

澳门回归 20 多年来，在历任特首的依法施政理念指引下，通过各届政府积极有为、依法施政，各界各业众多社团共同发力，在澳门居民积极参与下，澳门社会治理得生机盎然、井井有条，经济发展与社会建设等方面取得了巨大成绩，环境优美、经济繁荣、文化多元、治安良好、生活悠闲，这是有目共睹的不争事实。回归后的第一年就止住了此前连续 4 年经济下滑的颓势，2000 年人均 GDP 达到 1.6 万美元，经过 18 年的努力，2018 年人均 GDP 已达 8.3 万美元，位居全球第二，仅次于卢森堡。如今生活幸福指数很高，失业率极低，2018 年失业率仅为 1.8%，人均寿命高达 84 岁，仅次于香港的 84.2 岁，与日本并列世界第二。文化教育事业发达，高校从 1 所发展为 10 所，从幼儿园到高中的 15 年义务教育已经自 2007 年开始实行，初级卫生保障体系的免费医疗被世界卫生组织评为“太平洋地区典范”，65 岁以上居民获得免费医疗。文化名胜保护良好，历史城区已被列入世界文化遗产名录，2017 年被评为“创意城市、美食之都”。社会安全状况良好，回归后即制止了秩序混乱、黑帮猖獗、犯罪率高的状况。2009 年即完成了基本法第 23 条规定的国家安全立法，2018 年成立了维护国家安全委员会。全澳社会爱国爱澳气氛浓厚，中国历史、国情教育已入课本，并被中小学普遍采用。贯彻全国性法律情况良好，事关国家标志、家国情怀、国家认同感指数的国旗法与国歌法已经完成或正在完成特区的配套实施立法，大中小学基本上实现了升挂国旗、奏唱国歌的法定要求。

澳门回归 20 多年来，能取得如此辉煌的成绩，归纳起来，其主要原因有以下几点。

1. 中央准确完整地贯彻执行了“一国两制”、“澳人治澳”、高度自治的方针政策；特区政府能遵照以宪法和基本法为共同宪制基础的法律体系来依法治理；中央政府的全面管治权和澳门特区的高度自治权相得益彰，结合得比较好。比如，2018 年 8 月的“天鸽”特大风灾发生后，应特区政府之请，解放军驻澳门部队帮助居民清除垃圾、搬运物资、疏通道路，获得特区政府和居民的好评。由此澳门居民对国家的认同度相当高。

2. 行政长官、特区政府、立法会三者关系比较协调，互相配合比较得当，由此澳门居民对特区政府的认同度也比较高。

3. 特区政府、民间社团、居民群众三者关系比较和谐，协力共治比较成功，由此澳门居民对澳门特区比较认同，澳门社会也比较和谐。

4. 澳门社团数量众多，历史悠久，扎根社会，力量雄厚。它们既是社会精英和基层群众的结合体，又是特区政府和居民群众之间的桥梁和中介，承载着上情下达和下情上传的功能，在澳门社会治理过程中发挥了特殊的作用。社团对居民有很大的亲和力和吸引力，居民对社团有很强的信任感和依存感，社团本身有很大的凝聚力。由于历史积淀和现实作用，绝大多数社团都是爱国爱澳的，由此澳门居民对国家、对澳门、对社团都有较强的认同感。

（三）关于进一步增强澳门居民积极参与共同治理的建议

在充分肯定澳门特区政府的治理成绩和治理能力的同时，也应该清醒地看到，特区政府在动员、鼓励和吸纳居民群众积极参与共同治理社会方面，还有诸多缺憾需要弥补，还有许多空间有待开发。为此，我们提出以下几点建议，供特区政府参考。

1. 特区政府要采取一系列切实有效措施，解决迫切需要解决的房屋、土地、交通、医疗等重大民生问题，以减少、缓解、消除社会阶层之间的矛盾，促进社会和谐，进一步提高居民生活品质。据“港大民意研究计划”2016 年底进行的民调，澳门市民最关心的是民生问题，占比 73.6%；其次是经济问题，占比 21.7%，最关心政治的受访者市民仅占 1.4%。可见民生问题的重大性。比如，“海一居”房屋拆迁事件发生后，特区政府十分重视，经多方努力，终于找到解决问题的方法。我们希望今后少发生或不发生诸如此类的群体性问题，一旦发生，能及时驾驭情势，解决问题。问题解决了，居民自会积极参与政府的施政治理活动，成为社会共治中的正能量。

2. 特区政府要进一步做好公共服务工作，为民解愁、为民解难、为民解急，为公众提供更加优良的公共产品、公共服务。比如大街小巷的道路修缮与平整、公共交通候车站的改善、出租车的盲点与缺口，等等。只有向公众提供优良的公共产品和社会服务，居民就会积极配合政府，以主人翁姿态参加社会治理工作，自然而然地体会到“一国两制”的优越性，从而增强国家认同感。

3. 特区政府要加强并优化社团工作。由于历史原因，为了与澳葡当局抗争，维护中国人权利，以宗亲、乡亲、同业为基础的社会团体纷纷成立，成为中国人抵挡澳葡当局的一道屏障和盾牌。经过1921年省港大罢工、1966年“12·3事件”，澳葡当局相对不作为。特别是1974年葡国“4·25革命”后，正式承认澳门是中国领土，葡国只是管理而已，爱国社团更成为社会治理和社会自治的中坚力量，也使澳门成为所谓“半解放区”，于是社团数量日益增多，力量庞大。比如，工联总会辖有78个行业工会，会员7万多；妇联总会有3万多会员，500个服务中心；青联总会辖有100个团体；学联总会含有8所高校、40多所中学、123名理事；深入基层的街坊总会辖有4个活动基地、28个街坊会、30多个服务中心、680多个专业工作人员、4000多个义工。如何合法合理凝聚、调动这些占半壁江山的主要社团力量，是共治澳门社会的关键所在。据著名文化学者、澳门基金会行政委员会执行主席吴志良研究，回归后，爱国爱澳社团蓬勃发展，数量达几千个，目前已经过万了。这一方面是好事，给居民提供参与社会活动的平台，也为社会增添了治理主体和活力，另一方面也产生了一些值得改善的问题。社团数量突破万位数，意味着平均6—7人一个社团，据统计有的人参加了6—7个社团。其实许多人虽然名义上参加了好几个社团，但并无精力、时间参加所有社团活动；许多社团只顾成立，不虑后事，往往没有多少活动。据此，特区政府有关部门应该协助社团激活有生社团，帮助需要获得帮助的社团开展正常活动，撤销或者冻结应该撤销或者冻结的社团。尽早启动社团条例修改，改变社团登记“宽进严出”原则，改为“宽进宽出”或者“严进宽出”，或者规定多少期间无活动者视为自动撤销或者冻结，以此优化社团作为居民参与澳门社会管理的平台效用，以便更有效率地服务于澳门社会治理，并带领民众一起参与全澳事务的管理与监督活动。

4. 特区政府要优化宣传教育工作，掌控媒体舆论传播。要进一步提升澳门居民的国家认同度，必须继续保持并进一步扩大和优化爱国爱澳舆论的宣传传播工作，形成并扩大社会正能量氛围。如《澳门日报》是澳门主流纸质媒体的中坚力量，几十年来一直掌握在爱国爱澳人士手中，为传播正面信息、掌控主流舆论立下汗马功劳，值得赞赏。只有把舆论传播平台掌握在爱国爱澳人士和特区政府手中，居民的正能量才会大大提升，才会鼓励并提升居民积极参与社会管理的主动性和创造力，才会提高国家认同度。另外，由于青少年缺乏一定的识别能力和判断能力，无边无际的网络信息将会对青少年产生不利影响，也为一些唯恐天下不乱的反华势力和“闹独”者提供了方便。由此，正面的主流媒体承受着更大的压力，主要是面临减少受众和降低被接受度与影响力的危机。特区政府、中联办都要大力帮助和协助主流媒体继续良性发展，有效抵御或减少一些宣传媒体的负面信息影响。要继续并扩大我们的舆论传播主动权，就要掌握新媒体网络传播的主导权。

5. 特区政府要进一步巩固并提升学校的爱国爱澳教育工作。澳门学校的爱国基因是有历史传统的，爱国学校原来就占有一半以上。爱国学校培养了爱国学生，爱国学生毕业或学成以后到社团工作，就形成或巩固了爱国社团，爱国社团又举办了爱国学校或强化了学校的爱国传统与举措。这就形成了一个良性的闭合循环体系。今后，仍然要继续保护和发展这个良性循环的教育体系。为此，国情国史教育、爱国爱澳教育、升挂国旗、奏唱国歌等巩固提升国家认同感的规则、措施要在全澳大中小学校全覆盖、持之以恒，以此深化青少年的家国情怀。青年学生是社会中的最活跃成员，是激活社会生活、参与社会生活、管理治理社会的一大有生力量，将为澳门的繁荣稳定发展注入创新因子。同时，青年人的良好成长将为澳门社会培养爱国爱澳力量的接班人创设条件、储备人才，为澳门特区的持续良性发展打下坚实的基础，提供足够的人力资源，包括管理层干部人选。

6. 特区政府要增加同祖国内地的联系和沟通，加强彼此之间的了解和沟通。比如进一步开拓参观、交流、互访等双向互动，增加到内地学习、培训、就业等机会和频率，鼓励开展义务扶贫、支教、帮困等公益活动，以增进桑梓情、中国心的家国情怀。同时，通过频繁的交流与沟通，通过切实的实践活动，一方面有效提高参与者管理澳门社会的能力与水平；另一方面将为澳门社会治理提供诸多参照系，促进澳门的善政和良治。

7. 特区政府要组织或通过社团组织更多的文化艺术演出、体育赛事、慈善基金募集、科技成果展览等公共公益活动，以进一步增进居民的社会活动参与感，增进居民对国家的认同感和对内地的亲近感。过去奥运冠军、航天英雄到澳门与澳门各界居民的面对面接触，对提升澳门居民的国家认同感带来了很大的促进与提高，也提高了澳门居民作为中国人的自豪感，提高了参与社会活动、关心国家和澳门发展的积极性与自觉性。认同感的形成与提升，主要是两条途径：一是内生；二是外源。内生靠的是传承和自我修炼；外源靠的是良好的外部环境与氛围，包括物质性和精神性的。内生和外源因素又是互相作用的。因此，强化澳门与内地的互通互动，加速澳门融入国家发展大局，对提升国家认同感大有裨益。

8. 特区政府要进一步增进同解放军澳门驻军部队的联系与交流，可以聘请驻军官兵帮助学校军训，以增进青少年的国家认同感、提高居民的国家认同度。澳门“8·23 风灾”过后，应政府之邀，驻军走上街头巷尾帮助居民清扫垃圾、搬运树枝等为民举动，深深地感动了澳门居民，增进居民对国家军队的认同、学生对军人的尊崇。有的年轻人产生了想当解放军的意愿。这一切将有利于促进澳门居民关爱国家、关心国防建设从而热心社会公共事业的积极性。澳门于2009年就顺利通过维护国家安全的立法，2018年9月初成立了维护国家安全委员会，并举办了首届维护国家安全展览会，多年来青联会、学联会、教青局等每年假期都会组织青少年学生到澳门驻军军营进行军事训练，这一切都为澳门打下了维护国家安全的社会基础。今后应该组织更多的学生参加军训，并成为常态化和制度性的举措。

9. 特区政府通过积极参与国家发展大局、积极融入粤港澳大湾区发展与建设，吸引更多的社团和居民出谋划策、共襄盛举，共同为澳门特区更好地参与国家发展大局、更好地参与粤港澳建设发展而贡献心智。如果每个社团能够贡献一个切实可行的合理化建议，那么就有近万条睿智的方案，这对特区政府来说，着实是一笔无可比拟的精神财富，通过吸纳与实践，这笔精神财富又会转化为物质财富。对澳门居民而言，这是利己、利澳又利国的大好事，何乐而不为呢！澳门融入粤港澳大湾区建设，不仅具有经济和社会意义，而且对提升澳门居民的国家认同感、增进澳门居民与内地的亲近感是大有裨益的。

五、建构中西文化交流平台，强化文化认同，实现人心回归

（一）文化建设对实现人心回归的独特作用

澳门回归，不仅是领土和主权的回归，不仅是政治和管治的回归，而且也是经济、文化和社会的全面回归。即使澳门特别行

政区实行不同于国家主体社会主义制度的资本主义制度，那也是国家主权和治权通过中央政府授予澳门特区社会的一种国内地区的地方自治权。伴随主权的恢复行使和管治权的回归，澳门居民的社会地位也必然同时回归，成为中国公民的一个不可分割组成部分。然而，人身的回归、人的身份的回归，并非必然意味着人心的回归。只要人心还没有完全回归，就存在着“一国两制”和特别行政区制度实践过程中的一个不确定因素，甚至会在一定内外部条件下成为一种不安全因素甚至潜在的危险。据此，我们一定要从特区居民的身份回归进一步转化为人心回归，理想状态当然是全部居民的人心回归，至少是绝大部分居民的人心回归，只有这样，才能说是完全回归了。

为了实现人心回归，除了其他必备条件外，还必须进一步加强文化方面的建设与发展。由于文化的特殊功能，使得文化建设在实现人心回归过程中具有独特的作用。《尚书》有曰：“经天纬地曰文，照临四方曰明。”《易经》又曰：“文明以止，人文也……观乎人文，以化成天下。”可见文化可以通过各种形态与样式，将文明内涵及其价值转化为社会氛围、社会风俗、社会环境和社会价值观，以引领社会的文明发展。如果澳门社会的文化生态随着政治回归而回归，随着文化建设发展而发展，那么必然会促成从身份回归到人心回归的转化与升华。

认同，既是一种政治概念和社会概念，也是一种意识概念和心理概念。国家认同既是政治上的国家认同，也是意识上的认同。意识认同，包括了政治意识、社会意识和文化意识等方面的认同。而人文意识的认同，直接关系和影响人们心理状态的认同，从而又牵涉政治认同状态和社会认同状态。因此，文化认同直接关系到人们心理上的认同，即人心认同。只有让特区居民从心理上认同国家，包括政治心理、社会心理和文化心理等方面全方位的认同，才能真正达成人心的回归。如今，澳门居民的国家认同度非常高，这是好事。但，是否据此就可断定澳门居民已经完全实现人心回归了呢？这是需要我们进一步认真思考和调查研究的。与香港相比，我们认为澳门居民的国家认同已经在大多数居民中实现人心认同。但毕竟还有一小部分居民未能认同，还有部分居民未能真正从内心深处认同。为此，我们必须更加重视澳门特区社会的文化建设，使澳门居民在原有比较高的国家认同度和比较深的国家认同感的基础上，更上一层楼，从对国家的政治认同、身份认同进一步加深到普遍的人心认同。人心认同之日，便是人心回归之时。澳门特区可以也应该在人心认同和人心回归方面为其他特区提供一种样板，树立一个典范。

（二）中西文化交汇是澳门文化的特质，具有特殊的意义与优势

在世界文明史上，经过数千年的时空洗礼，流传至今，依然生机勃勃，并在新的时空条件下继续发展的古代文明，绝无仅有的是中华文明。港澳地区虽然长期被帝国主义和殖民主义占领和管治，是由于中华文明源远流长，具有天然的包容性和巨大的弥合力，屡经磨难，历久弥新。中华民族由于同宗同祖、同文同源，无论在什么环境下，都能抱团取暖，因此，作为中华民族的精神、信仰、价值、理念和习俗，中华文明不仅具有强大的当代生命力，而且具有代代相传的历史穿透力。即使在澳葡当局管治年代，以闽粤华人为主体的中国人，一直维系和继承着传统的中华文化。清末著名启蒙思想家郑观应就是在这里写下了旷世之作《盛世危言》等；近现代中国革命先行者孙中山先生不仅在这里兴办“镜湖医院”，还开始从事资产阶级民主革命活动。澳门居民说的是中国方言，写的是中国汉字，过的是中国传统年节，保持着中国传统习俗，维系着华人的血缘。为了生存和发展，中国人自结社团，自办学校，自办报纸杂志，中国东南沿海一带居民尊崇的妈祖庙阁依然香火袅袅，澳门同祖国内地的广泛联系从未

间断，这种血脉联系和家国情怀，在回归后得到更大的发展。

澳葡当局在澳门经营了几百年，不可避免地也给澳门地方带来了葡国文化和欧陆文化。比如欧陆风格的建筑、西方宗教文化习俗、葡文与西语、西方的饮食文化特别是葡国特色餐饮，西方教育与媒体，等等。由于葡萄牙利用当年的航海优势入侵许多国家，形成了国际上的一系列葡语国家，而葡萄牙也就成为葡语国家的典型代表。因此，在澳门的西方文化，不仅是葡萄牙一国的文化，而是综合和代表了世界上所有葡语系国家的共通性文化。由于人类文明的相容性，赋予人类文化的兼容性，使得葡国文化或葡语系国家文化在澳门地区得以存续。澳门华人的中华文化和葡国文化在这区区 30 平方千米土地上互相交汇、相互兼容，并和平共处了几百年，造就了澳门文化的特殊品格与独有风貌，并逐渐固化为区别于我国其他地区的文化特质。

中葡文化并存与交融、中西文化并存与交融，不仅是澳门文化的特质，也是澳门文化的优势所在。我们应当利用和平与发展的世界大趋势和我国改革开放与现代化建设的总体战略，深入发掘澳门文化的特质，发挥澳门文化的优势，加强澳门的社会文化建设，通过文明教化，进一步提高澳门居民的国家认同度，实现澳门居民的人心回归。

（三）建好文化交流基地，提高居民文化素质，实现理性认同与内心认同

根据国家发展总体战略，为了进一步规划协调珠江三角洲和港澳特别行政区的经济社会发展，国务院于 2019 年初出台了《粤港澳大湾区发展规划纲要》。根据澳门特区经济社会具体情况，按照扬长避短原则，中央政府将澳门列为大湾区经济圈的 4 个中心城市之一，并赋予澳门以新的城市创新发展定位：“三个一”。一个中心：建立世界旅游休闲中心；一个平台：搭建中国与葡语国家商贸合作服务平台；一个基地：打造以中华文化为主

流，多元文化共存的交流合作基地。在“三个一”中，一个中心和一个平台的建设都与文化相关，都包含了文化因素，一个基地更是直接指向文化建设。而文化对居民个体来说，是构成国家认同感的重要组成部分；对社会而言，则是熏陶和造化社会成员国家认同感的重要环境和社会氛围。可见文化建设因应了“国家所需，澳门所长”的澳门历史与现状，又必然巩固和深化澳门居民国家认同感的生成与内涵，其必要性、重要性和紧迫性是不言而喻的。

为了更好地结合澳门的文化建设渠道来进一步提高居民的国家认同度，我们认为，似应从实践和理论两个维度来实施。

1. 实践层面。第一，宏观上，澳门建设必须贯彻习近平主席2009年初考察访问澳门时提出的三句话或三个原则：处理好保护和发展的关系、旧城改造和新城开发的关系、把浓厚的历史特色和现代气息融合在一起。这三条原则同样适用于中观层次的文化建设。因为文化建设同样存在发展和保护关系、新与旧关系、历史文化遗产和现代文化样式的关系。只有辩证地处理好这三个关系，才能把好建设方向，既能体现中华文化的主流，又能呈现多元文化的交汇与融合。这样就能从文化的新与旧的改革与创新、历史与现实的传承与发展、中华文明与域外文明的交汇与互鉴三个维度来形塑澳门文化并增进澳门居民的文化素质与文化认同。第二，文化因素必须贯穿于“三个一”的建设。因为一个中心和一个平台都含有丰富的文化内涵，和一个基地建设共同构成一个完整的澳门社会，三者不可分离，缺一不可。只有将“三个一”共同建设好，才能形成澳门社会特有的文化氛围，发挥澳门文化的特质优势，提高澳门居民的整体文化素质，使人们对国家的认同感从感性升华至理性的高度和深度，为澳门居民的国家认同感源源不断地提供丰富的营养和深厚的内涵。第三，把以中华文化为主流、多元文化和谐共存并互鉴互容的文化生态建设内容纳入增进澳门居民国家认同感培植与教育的框架内。既有的政治意识、国家意识和法律意识的学习与教育，固然同样具有文化因素，而且也是文化的体现，但是它们同文化毕竟分属于不同的体系范畴，各具自身的内涵与外延，不能互相替代。据此，在培植澳门居民国家认同感的学习与教育体系中，除了政治国家和宪法基本法的内容外，还必须加强澳门特色文化特别是中华文明与中华文化及其与葡语文化、西方文化交汇融合方面的内容，以培植澳门居民文化认同的科学性、体系性、客观性和开放性。第四，进一步开拓澳门居民的文化见习与交流的实践活动。吴志良在访谈中所言，由特区政府主导、澳门基金会资助的为期三年的“千人计划”已于2018年开始启动，一年中已有44个交流团共1291人到祖国内地12个省市进行各方面的参访交流，第一阶段“千人计划”有112个团队共3300名青年学生到16省市参访交流，以实地认识国情、培养国家观念。① 这种活动值得学习和推广，除了澳门基金会，希望还有其他更多主体（比如政府机关、社会团体、学校等）牵头制定实施诸如此类的文化实践活动，以进一步提高澳门居民的国家认同度，厚植澳门居民的国家认同感。

2. 理论层面。为了提高文化建设的品质、品格和品位，为了比较和研析中华文化精髓与中葡、中西文化的异同及互鉴，有必要进一步加强澳门特区的文化学研究、澳门文化研究和澳门学研究以及中西文化比较研究。值得赞扬的是，此前澳门已有一批著名学者在这方面作出了杰出的贡献，如理工学院的中西文化研究所，澳门大学的中国历史文化中心、澳门研究中心，澳门基金会及其赞助的众多研究者。尤其突出的是，吴志良等学者长期致力于澳门学的研究，开创了世界上澳门学专门研究的先河，为今后

① 吴志良：《建构澳门话语体系，融入国家发展大局》，载中国新闻网，2019年12月20日。

的澳门文化研究打下了良好的基础。在今后的中西文化交流平台建设过程中，我们认为，一要整合研究力量；二要加大支持力度；三要明确重点方向。为此，我们建议，特区政府应该进一步积极鼓励并以人力资源、财政资源等具体措施支持澳门学者参与文化建设和进行卓有成效的文化理论研究。一批高等学校和社会团体要进一步加大对文化理论研究的投入。澳门基金会要在原有基础上，进一步开放对文化研究机构与学者的课题支撑与资金资助。在研究方向上，应该确定三大重点课题：澳门文化研究；澳门中葡、中西文化比较研究；澳门学研究。通过澳门文化研究，突出以中华文化为主流、多元文化并存共生的独特品牌。通过中葡、中西文化比较研究，呈现澳门多元文化“不同而和，和而不同”的活色生香。通过澳门学的研究及其澳门文化话语体系的建构，展示澳门社会“人类文明实验室”的一派风光。处在如此独特而优越的文化氛围和社会环境中，相信澳门居民全体成员的整体国家认同感会不断地巩固、发展和升华，完整实现真正的人心回归。诚如吴志良所言：澳门人对国家的爱是流淌在血液里的！

第三节　针对澳门居民不同人群的特别措施

根据目前国内公认的信息，以及课题组的大量调研，可以判断的是，至今尚未发现澳门特别行政区居民有公开否认对中国的国家认同，或者公开主张澳门独立的人员与现象。也就是说，澳门居民对于国家一般都有认同感，只是认同感的程度、深度、高度有所不同，这也是符合社会客观现实和人的心理规律的。如果细分，可以有以下 5 种状态与类别：认同感很强、认同度很高；认同感较强、认同度较高；认同感一般、认同度中等；认同感较弱、认同度较低；认同感很差、认同度很低。如果简化归纳，可以归为以下两类：认同感较强、认同度较高；认同感较弱、认同度较低。另外，我们认为，青年人是澳门的未来与希望，是澳门居民承上启下、继往开来的关键，也是澳门居民中的一个特殊人群，所以我们将其作为研究国家认同感问题的重要对象来对待。此外，虽然没有公开主张“澳独”的人，但是对国家和特区政府持有不同意见的还是有的；潜在或隐性地对国家不认同甚至模仿“港独”的人还是有的，对他们应该有所研究、给予关注，多做转化的工作。据此，我们认为可以针对上述对象，采取有所区别、切实有效的措施，以进一步增强他们的国家认同感，提升其国家认同度。

一、针对较高国家认同度人群的措施

所谓较高国家认同度人群，是指那些对“一国两制”基本国策和基本方略、国家宪法和特别行政区基本法、国家主权和中央对特区的全面管治权、国家的内外大政方针等，具有比较正确而清晰的认识和赞同的居民，或者比较倾向于认同的态度与观点的居民。从多方面的各种迹象和数据来看，这部分居民占据澳门居民的绝大多数。与此同时，这部分居民即使具有比较高的国家认同感，但对于中央政府的所有举措和特区政府的所作所为也并非是完全赞同或认同的。特别是对一些具体的措施和做法，他们还是有所保留甚至有所异议的。他们的异议或保留，有的说明中央政府和特区政府的一些具体做法的确存在种种不足之处，值得改进和改善；有的则说明他们暂时还不明白、不理解、不了解，需要对他们予以适当的解释。据此，为了进一步提高这部分居民的国家认同度，我们有如下建议。

（一）建立激励机制，设立奖励制度

对具有较高国家认同度的居民要给予充分的首肯和鼓励、适

当的褒奖和激励。热情鼓励他们在学习认知“一国两制”战略方针和基本国策过程中的认真和睿智，积极激励他们在贯彻实施宪法和基本法过程中的真诚和激情，适时褒奖他们在支持和参与澳门社会活动和社会治理中的主人翁精神和创造性作为。对于在学习、宣传、推广“一国两制”理论、宪法、基本法以及其他全国性法律方面作出贡献的，对于参加国家管理和参政议政工作中作出贡献的，在特区政府依法施政的理念宣传普及和实践操作中作出贡献的，在管理与治理澳门社会工作中作出贡献的各界人士，分别给予适当奖励，奖励他们的先进模范行为，以弘扬社会正气、倡导社会正能量、厚植国家认同感。这种奖励应是以精神奖励为主、精神奖励与物质奖励相结合的常设性制度，可以设立单项奖和综合奖，也可以视情况分别设置贡献奖、突出贡献奖、重大贡献奖。

（二）建立参政平台，创设共建机制

澳门居民既是澳门特区的主人，也是国家主人的一个部分。中央和特区都要进一步为澳门居民提供参与国家现代化建设、参与特区“澳人治澳”与依法施政的便利条件和恰当平台，让澳门居民进一步为自己作为特区管理主体、国家主人翁的一部分而感到自豪与骄傲、践行权利享受与责任担当。这就需要国家层面制定一系列利好政策，使澳门特区和澳门居民更好地、更便利地融入国家建设发展大局，在粤港澳大湾区建设中发挥更大更好的作用。同时需要特区政府创设一系列参政平台与治澳渠道，使澳门居民在“澳人治澳、高度自治”过程中进一步发挥主人翁精神，与特区政府一起成为建设澳门、治理澳门的共同主体，实现共治目标。比如，通过众多社团发挥居民作用，特别是各个行业社团和街坊总会等；开辟更多媒体或者媒体专栏，让居民群众发表意见建议，集思广益，共同搞好国际旅游休闲中心、国际会展中心、中西文化交流平台、中国与葡语系国家经贸交流服务平台等重大项目建设；开通热线电话和微信平台，听取居民意见，高价征求“金点子”，即建设性和创新性对策方案；设立接待来访制度，为居民解决急事、难事、愁事。这些工作做好了，不仅整体居民的国家认同感会进一步巩固和加深，还会带动和改变一部分原本国家认同感程度较低的居民转化为认同度较高的居民。

（三）关心、保护爱国爱澳群众及其爱国爱澳热情，主动、及时为爱国爱澳居民排难解忧

尽管澳门人口少，人均收入很高，但是总还有一些相对贫困的人，还有生活不尽如人意之处。这就要对他们给予特别的关心和照顾，解决他们的民生问题，提高他们的生活水平。另外，澳门地方小、人口密度高（已进入吉尼斯世界纪录），住房条件、经营场所、公共空间、大街小巷等也有待进一步改善。特区政府一方面要为他们提供、营造并改善尽可能良好的社会氛围与社会环境，使他们更好地从事爱国爱澳事业或者爱国爱澳宣传教育工作；另一方面要为他们提供安全的治安条件与正面的舆论环境，让他们能够专注于自己的工作与生活，一旦受到某种不良自媒体无端攻击，即可及时施与援手、给予声援，保护他们的爱国心、民族情，使社会始终充满正能量。

（四）提升学研能级，强化中流砥柱

对于具有较强与很强国家认同感、较高与很高国家认同度的澳门居民而言，特别是特区官员与公务员、执法与司法人员、社团领导层、高校与中小学教师等中上层社会精英，要在原有基础上，提升学习与研究“一国两制”与特别行政区制度理论与实践、宪法与基本法理论与实践的能级，即要比原有要求高一级、要比原有内涵深一级、要比原有效用好一级、要比原有队伍大一级。首先，对国家的认同感不停留在感性认识上，要将国家认同感进一步理性化，从感性认识提高至理性认识，更不后退和反复。其次，对“一国两制”和特别行政区制度的认识、对宪法和

基本法的认识，从知其然升华为知其所以然。再次，提升学习和研究的积极性和创造力，学习研究国家知识、宪法知识和基本法知识的心态需从“要我学”转化为“我要学”，从自发状态升华至自觉状态，培育自己的国家主人翁意识。最后，增强学习研究的效用，发挥其“顶梁柱”和“压舱石”的作用，并以滚雪球的姿态与速度，影响和带领其他居民进入较高国家认同度和很高国家认同度的层次。使较高和很高国家认同度的居民成为澳门社会的中流砥柱。为此，可以定期或不定期地召开学习研究的座谈会、恳谈会、交流会，现身说法，以树立先进，带引后进。

二、针对较低国家认同度人群的措施

所谓“较低国家认同度人群”是指对中国、“一国两制”、宪法与基本法、特别行政区制度不大认同或者不认同的人群。虽然目前人数不多、能量不大，但也是澳门社会的一个客观的消极因素，一个影响澳门长期稳定繁荣发展的不利因素。而且，这个人群是处于变动不居的状态，如果我们的工作没有做好，“较高国家认同度”人群中会有一部分人降到这个群体中来，这个群体也会影响和吸纳一些思想认识不稳定、不清晰的人群，从而逐渐壮大这个群体。这是我们大家所不愿看到的，也是非常危险的变数。因此，我们必须采取一些必要的、有效的措施，稳定这部分人的情绪，做好这部分人的工作，尽快增强他们的国家认同感，提高他们的国家认同度，并将其吸纳到“较高国家认同度人群”之中，不断壮大“较高国家认同度”的队伍。

（一）进一步提高居民的民生满意度，这是进一步提升居民的国家认同感的基础与前提

有一些居民之所以对国家的认同感比较低，是认为澳门社会

有诸多社会建设和民生问题迟迟不得解决或未能很好解决，对特区政府某些主管部门施政能力低、施政效率差存有不满，对中央“一国两制”下督促和帮助特区政府积极施政以及及时监督方面还抱有怨言。特别是刚刚踏上社会的青年人面临买房难、租房难问题及体面就业问题；残疾人、病人、老人、穷人的救济问题；医院床位太少、医院未能按计划建成使用问题；等等。在澳门如今人均 GDP 高居世界前列的情况下，也有一些人并不感到幸福与满意，就因为感到工作、生活压力大、不开心。如果能解决上述这些民生难题，就能够提高其满意度、幸福感，就能提高其政治生活关注度和参与度，就能够增强这部分人即社会弱势群体的国家认同感。

（二）进一步加大宣传普及国家宪法和特别行政区基本法的力度、广度和深度

有一部分澳门居民之所以对国家的认同感比较低，是因为对国家的宪法和基本法不了解；其中有的虽然有所了解，但还不能理解；有的虽然有所理解，但还处于一知半解；有的虽然有所理解，但知其然而不知其所以然。据此，对问卷调查问题的回答多为“不了解”“不知道”“不清楚”的居民群众必须进行补课式的普及宣传教育。比如免费为他们发放有关宪法和基本法知识的通俗易懂的宣传材料；通过社团组织向他们传授有关“一国两制”和特别行政区制度的常识；通过居住地的街坊会组织向他们传递宪法、基本法、“一国两制”和特别行政区制度相关知识材料；电台、电视台、《澳门日报》及其他报纸、自媒体等积极开展相关知识教育以及竞赛活动，寓教于乐，以平民百姓喜闻乐见的方式进行；编写国史、国情、国土、国人、国歌法、国旗法、国徽法系列丛书，免费发送给澳门居民阅读；经常为他们举办生动活泼、通俗易懂的知识与政策讲座，让宪法和基本法能走进他们的心灵；建立接待咨询制度，定期或不定期地为他们解惑释疑。走近他们、贴近他们、接触他们、了解他们、影响他们、团

结他们、引导他们，以逐步增强他们的国家认同感，提高他们的国家认同度。

（三）为他们提供与内地交往的更多机会与渠道，使他们体会到中华历史文化的渊源与博大精深，感悟到祖国的各方面进步与发展，以提高作为中国人的身份自豪感与民族自尊心

这部分居民中，有的是因为生活拮据；有的是过去因为种种原因从内地偷渡或者躲避过来的；有的是因为受到国外反华势力的负面宣传而对内地抱有成见或偏见的。为了消除他们对国家和民族的迷惘和不解，消除他们头脑中的成见与偏见，除了鼓励澳门居民的走亲访友和旅游观光，还可以有计划地组织他们到粤港澳大湾区诸多城市参访，到其他对口交流城市参访，定期或不定期地、定点或不定点地参访内地爱国主义教育基地、历史文化名城、大好河山与自然风光，特别是根据联合国教科文组织通过确定的“世界文化和自然遗产”和“非物质文化遗产”的代表性地域和代表性样式。与此同时，中央和内地也要及时而充分地将国家的各方面进步和成就以实物展出和团队访谈等形式告知与感染澳门居民，比如，经济社会发展和科技国防进步的成就，文博物和图书展览，文化艺术演出与体育赛事展示，历史地理、天文物候演变展示，学术交流与人员交流，等等。通过持续有效的双向交往，久而久之，国家认同度较低的这部分居民自然会逐步从了解、理解到熟悉、热爱自己的祖国、自己的民族、自己的物质文化和非物质文化。由感性而理性，从观察到思想，他们一定会逐步增强自身的国家认同感、提高自身的国家认同度。

三、针对青年人群的措施

澳门青年同其他居民一样，在国家认同感方面也有高中低之分。就这次问卷调查统计而言，其中，大多有强烈或较强烈的国

家认同感，较低国家认同感的占极少数。但是这并不意味着青年人在国家认同感方面没有问题，从大量访谈和既有问卷调查中可见，还是有某些潜在性和前瞻性问题。青年是国家的未来，青年是民族的希望，当然也是澳门的未来和希望。由于历史的原因，澳门社团一般都具有爱国爱澳的优良传统，澳门居民大多是社团成员，因此居民们大多有较强的国家认同感和较高的国家认同度；由于家庭渊源关系，年轻人也大多具有相当程度的国家认同感。这是目前澳门居民在国家认同感方面的基本面，值得肯定。然而，由于时移世易、时代发展，家庭结构和社会环境都在发生变化。随着爱国前辈们的逐渐老去、逝去，澳门社会的爱国爱澳优良传统急需年青一代传承与发扬。同时，由于自媒体的发达与影响，青年人由于缺乏阅历和历练，容易受到某些不良信息的浸染，会影响到他们对于国家的认同度。据此，进一步巩固和提升澳门年青一代的国家认同感，并在“一国两制”实践中发挥青年人的特有才智与独特作用，是摆在国家和特区政府面前的一项相当急迫的使命。我们认为，提高青年特殊人群国家认同度的措施，除了以上所述一般性措施外，还应当采取以下针对性措施。

（一）特区政府要牢牢掌握教育权，以学校教育为抓手，从小学抓起，一直到高等教育，始终贯穿教书育人、立德树人的教育方针，将青少年学生培养成爱国爱澳、德智体美劳全面发展的澳门经济社会的建设者和“一国两制”、“澳人治澳”、高度自治的传承者与接班人

有关“一国两制”与特别行政区制度、宪法与基本法、中国历史与中国国情、优秀传统文化与国学国粹、中葡文化与中西文化等重大内容必须有计划、有步骤、有重点、分阶段地纳入学校教育课程中，做到全覆盖、全程化。根据不同学习阶段，采取不同教学内容与方法。小学阶段，宜以感性教育为主，诱导学生从

小具有中国心、民族情。中学阶段，特别是高中阶段，需以理性教育为主，引导学生了解并理解中国优秀传统文化，开始形成爱国爱澳良好心理。大学阶段，需使学生比较熟知“一国两制”和特别行政区制度、国家宪法和基本法的关系，对“一个国家、两种制度，澳人治澳、高度自治”与中央全面管治权和特区高度自治权的关系不仅知其然，而且知其所以然。澳门既有政府主管的公立学校，也有许多私立以及教会学校，特区政府必须牢牢地主动掌握公立学校的教育权，而且要以公益政策影响和引导私立学校和教会学校，使私立学校牢牢地掌握在爱国爱澳人士手里，并直接获得特区政府的指导。

（二）中央和特区政府要为澳门青年提供更多学习渠道和就业机会，开拓更加广阔的人生舞台，营造更加良好的社会环境，充分发挥青年人的聪明才智与创新精神

内地高等学校优质资源要向澳门青年开放，吸纳更多青年赴内地就学，从本科、硕士到博士，乃至博士后流动站。内地要向澳门青年开放就业大门，吸纳他们在内地从事各行各业工作。特区政府也要为澳门青年赴内地与香港特区、国外就学创设条件，提供机会；要为青年人的就业、创业提供政策与资金的帮助。与此同时，还要为青年人踏上社会、工作生活乃至婚姻家庭提供相对廉价的住所。特别是在高房价、高房租的当下，更需要为他们充分发挥聪明才智和创造创新能力而解除后顾之忧。如此，生活的安定、家庭的温暖、事业的发展、前途的光明，会给青年人带来阳光的心理状态，会对特区的依法施政、高度自治和国家的依法治澳、全面管治等予以心悦诚服的肯定与赞赏。

（三）进一步加强与紧密内地与澳门的双向关系，为澳门青年提供更加广阔的舞台

例如更广泛、更频繁、更有效地组织年轻人到内地进行参访、交流，建立内地与澳门两地青年组织互访、信息与学术交流

等长效机制；试行澳门与内地青年人才交流、定期岗位交换制度，开拓内地向澳门青年公开招工、吸纳人才的渠道；内地各省市、区县一级的人民群众组织和社团组织向澳门青年开放，如政协、妇联、工会、青联、学联等可以考虑适当逐步吸纳青年才俊进入，可以通过他们带动一大批同龄人进一步了解、理解和认同国家，成为爱国爱澳的澳门居民；对于澳门青年要求中央开放就业政策作出积极回应。目前有关部门已经实行招聘港澳台青年人才到内地任职中小学教师政策，这是一个良好的开端。除了教师，澳门居民还希望能够在内地担任医师、工程师、会计师等各种职业，还想享受和履行宪法规定的义务服兵役的权利和义务，凡此种种合法、合情、合理要求，都是青年人心向祖国、情系民族的表现，非常难能可贵，值得肯定。我们乐见中央有关部门能够在适当时机作出恰当的决策，以回应澳门居民的诉求。

（四）根据时代特点，改善青年工作，无论中央主管部门或是特区政府，务必与时俱进，做好互联网、自媒体信息化时代条件下的青年工作

敢于并善于通过网络渠道，运用新媒体形式，以生动活泼、喜闻乐见的样式做舆论宣传教育工作，多与青年人交流、对话。青年人信息渠道畅通，信息内容复杂繁多，真善美与假丑恶兼而有之。由于青年人自身可塑性很强，价值观与人生观正在形成或变动过程中，有时候会缺乏正确的判断力和辨别力，这是正常的，也是需要我们有关部门和一代过来人予以关注和爱护的。当下西方媒体良莠不齐，国际信息泥沙俱下、鱼龙混杂。对此，我们必须善于运用网络技术，开辟正面宣传渠道，及时传播真实信息，消弭消极影响，尽快取得网络媒体主动权，主动掌握新媒体话语权。只有这样，才能让青年人在一个比较好的网络世界中学习、工作、生活、创业、拼搏。

四、针对不同意见者的措施

根据课题组的大量调研可知，澳门社会尚未发现有公开反对“一国两制”和特别行政区制度、反对宪法和澳门基本法甚至主张澳门“独立”的所谓“反对派”，也无“逢中必反”“逢府必乱”的乱象。但是，对“一国两制”和特别行政区制度、对宪法和基本法具体条文、对中央全面管治权和特区高度自治权、对中央和特区政府具体决策及其施行措施的理解和解释等诸多方面存在歧见，存有不同观点，或者说存在不同意见者，虽属少数，却也属正常。面对潜在的危险不可掉以轻心。对此，我们认为应该采取以下几项对策。

（一）建立沟通机制，保持友好联系

要敢于并善于与不同意见者面对面接触，互通信息、各抒己见，保护各自发言权利，允许坚持各自观点，争论归争论，友谊归友谊。对他们必须克服 3 种不健康的心理状态：一是惧怕心理，不敢与他们当面接触、交换信息与观点；二是胆怯心理，担心说不过他们，反被他们数落，还是不接触为好；三是回避心理，不愿与他们一起探讨有关问题。这几种心理都会使我们同他们“保持适当距离”，甚至感到离得越远越好。这对于改变具有不同意见者的立场与观点都是不利的，唯一正确的态度就是接触和对话，别无其他选项。

（二）建立交流平台，优化发声机制

要在特区政府、立法会、各种咨询会、各类社团、街坊社区为澳门居民包括持不同意见者积极为依法施政、治理社会而发声，允许不同观点的交流与碰撞。持不同意见者大多为知识分子、自由职业者和大学师生，可以通过学术研讨的平台与机制互相交流，逐步消弭分歧，逐渐达成共识。即使达不成共识，也理应互相尊重，放下各自不同的观点，共同为行使治理澳门的权利与责任而努力。只要遵守宪法与基本法以及澳门现行法律法规，没有违法行为，一切言论都是允许表达的。要在发声中体现宽容，要在交流中求得共识。

（三）提升新时空条件下统一战线工作能力，进一步扩大特别行政区爱国统一战线力量

统一战线工作历来是我党从事革命、建设和改革开放的三大法宝之一。在实行“一国两制”和完成祖国统一的事业中，统一战线仍然是我们的一大法宝。《中国共产党章程》总纲中规定，“进一步发展和壮大由全体社会主义劳动者、社会主义事业的建设者、拥护社会主义的爱国者、拥护祖国统一和致力于中华民族伟大复兴的爱国者组成的最广泛的爱国统一战线”；宪法总纲中也规定，广泛的爱国统一战线“将继续巩固和发展”。既然要继续“巩固、发展和壮大”最广泛的爱国统一战线，就要传承和发扬爱国统一战线精神，进一步做好新时代中国特色社会主义统一战线工作，并力求有所发展、有所创新。面对“一国两制”和特别行政区制度理论与实践经过20多年考验与洗礼，并进入了新的时空，我们要有新的更高站位，新得更远眼光，开辟新的更多渠道和途径，创设更加有效的工作方式方法，动之以情、晓之以理，善于做人的工作，善于做爱国统一战线工作，团结更多的人。对极少数甚至可能会主张“澳独”的人，我们要依法斗争、据理批判。爱国不分先后，我们必须以最大诚意、最大耐心、最大限度地扩大爱国统一战线队伍，尽可能多地团结澳门居民，进一步巩固、增强澳门居民的国家认同感，持续提升澳门居民的国家认同度。若能如此，澳门回归祖国20多年、实行“一国两制”20多年的实践与经验，尤其是在不仅领土回归，而且是心灵回归工作方面的实践与经验，或许可对增强香港特区居民国家认同感有所借鉴与启迪，并对今后祖国统一、加强台湾地区居民国家认同感有所示范与影响。

附件一　澳门基本法推广协会工作汇报

“澳门基本法推广协会”于2001年3月31日基本法颁布8周年纪念日正式成立。它是适应澳门回归后形势发展的要求，由廖泽云、崔世昌、贺定一、李鹏翥和杨允中5位熟悉基本法有关事宜的人士经过长期筹划，并得到澳门特区政府和中央驻澳门特别行政区联络办公室的大力支持顺利组成的。

回归前，由原基本法起草委员会在澳门草委、原基本法咨询委员组成的“澳门基本法协进会”肩负起宣传推介基本法的历史任务，多年来举办并配合其他社团开展了形式多样的基本法宣传活动，取得良好的社会效应，为广大市民所接受。回归后，政府各有关部门、社会各机构、社团和学校仍通过不同形式来宣传基本法，但缺乏一个专门的、比较权威的社团对基本法的研究、宣传和推广工作加以统筹和协调。

有鉴于此，由上述5位发起人倡议成立“澳门基本法推广协会”，以拥护及推广“一国两制”方针和国家对澳门的基本方针政策，拥护基本法为宗旨，配合特区政府致力从事基本法宣传推广和研究工作，并且在原“澳门基本法协进会”会员的基础上有所扩大，增加了原澳门特别行政区筹备委员会委员、澳门特别行政区第一届政府推选委员会委员、澳门特别行政区基本法委员会委员、澳门特别行政区行政会委员、立法会议员、曾任或现任全国人大代表、全国政协委员、省级（含副省级）政协委员，到目前为止共拥有会员400多人。

澳门基本法推广协会自成立以来，一直致力于与政府有关部门、团体合作开展推广工作，特别是每年基本法颁布周年，更会与特区政府法务局、民政总署、教育暨青年局等举办一系列形式多样、市民喜闻乐见的推广活动和学术性的比赛项目，并邀请原基本法起草委员、法律专家学者，召开基本法专题研讨会、讲座、座谈会，对基本法及特区发展问题进行深入的研究探讨。此外，还定期开办基本法培训课程、专题研讨班等，受到市民的欢迎和普遍认同。

本会成立至今20多年，主要工作包括：

一、因应社会发展需要，举办不同专题的学术研讨会、座谈会、讲座等，推动学术界及社会各界加深对基本法的探讨、研究，出版基本法学术论文集。

每年3月基本法颁布纪念日、12月回归周年日前后分别邀请全国人大常委会澳门基本法委员会、国务院港澳办、原澳门基本法起草委员、原澳门特区筹委会内地委员和内地、香港特区、台湾地区、澳门特区的专家学者等参加专题研讨会、讲座和座谈会等，至今已举办了30多场，并出版多部学术论文集。

2014年5月邀请了全国人大原法律委员会主任委员乔晓阳在澳门大学横琴新校区的大学会堂主讲“中国宪法与澳门基本法的关系”专题讲座。

2018年1月邀请了全国人大常委会副秘书长兼澳门基本法委员会主任李飞主讲“人民代表大会制度与特别行政区”专题讲座。

二、定期开办基本法培训班，面向市民大众持续进行基本法教育工作，加深市民对基本法的认识和理解。

主要是于每年的3月、6月、9月定期举办基本法培训班，开办初期，分别设有一般课程和导师班课程，导师班课程主要对象为在职教师和社团骨干，希望通过有关课程培训一批基本法课程的导师。共举办了41期课程，参与一般课程的学员有800多人、导师培训课程的学员有335人。此外，分别与政府有关部门（行政暨公职局、保安部队高等学校、治安警察学校、教育暨青年局）、社团举办基本法专班课程30多期；本会会员专班10期。

与理工学院"一国两制"研究中心、行政公职局合作开办了以中、高级公务员为对象的"基本法高级研讨班课程"，至2017年已完成了10个阶段85期的课程，另开办了以高级技术员为对象的3个阶段30期基本法研讨班，结业学员1200多人。与教青局开办了两期"公民教育骨干老师基本法培训课程"，结业学员24人，而校内的老师培训一直在进行。

三、面向不同层次、不同对象举办形式多样、寓教于乐的基本法活动，吸引广大市民参与，广泛宣传基本法。

本会成立以来初步统计共举办各种各样的基本法比赛项目，包括问答比赛、摊位游戏设计比赛、征文比赛、书法比赛、海报设计比赛、宣传单张设计比赛、绘画比赛、宣传标语创作比赛、基本法四格漫画创作比赛、基本法短剧会演、基本法图片巡回展、基本法宣传短片创作比赛、基本法幻灯片设计比赛、校园推广基本法计划、基本法板报设计比赛、基本法微电影创作比赛、环山跑比赛等，以及报章和网上游戏活动、园游会、文艺晚会（少林功夫、广西艺术团、云南歌舞团、广州粤剧院、西藏艺术团）等。

四、结合社会热点问题，举办专题研讨班、讲座、工作坊逾50场，统一认识，正确贯彻落实基本法。例如，围绕政府公开咨询选民登记法、行政长官选举法、立法会选举法、维护国家安全法，以及特区政制发展等内容开设专题研讨班。

此外，与基本法青年推广大使协会合作，到学校宣传。他们先后到13所学校，进行15场次的宣传活动，参与的学生以小四至小六为主，达3100人。以年轻人的角度向学生灌输正确的基本法知识，并将基本法的条文内容融入日常生活情景里，让学生明白“一国两制”、“澳人治澳”、高度自治的概念，以及澳门特别行政区是中华人民共和国不可分离的部分的重要性。我们期望通过有关计划，将基本法与日常生活紧密结合起来，从而提高学生对学习基本法的兴趣，为往后的基本法推广工作打下坚实的基础，未来宣传对象会扩展到初中学生。

五、与特区政府法务局、教育暨青年局、民政总署等有关部门以及内地高校和港澳研究机构密切合作，开展各种宣传、推广、研究活动。还到内地进行纪念澳门基本法颁布周年和特区回归周年活动，几年来已分别在北京、上海、广州、湖南、重庆、昆明、福建、南京、江西、贵州、广西、海南、天津、杭州、成都、安徽、湖北、辽宁、河南等 19 个省、市举行了巡回图片展览，展出澳门自 1844 年至今百多年的珍贵历史照片，了解澳门的发展变迁。于 2010 年开始分别与当地大学举办基本法研讨会。

六、从 2012 年起开办了“基本法青年推广大使”培训计划，至今已开办了 7 期，是一项持续性的培训计划，历年结业学员 280 人。除通过系统的基本法理论课、培训营和访京基本法学习，加深学员对基本法的正确理解外，还建立学员间的团队合作精神和对国家的认知。2015 年，在本会的推动下，学员筹组成立了“澳门基本法青年推广大使协会”，鼓励、推动更多大使参与其中，发挥各大使所长，共同为基本法推广工作出一份力，做到薪火相传。

七、组织不同界别基本法访京交流团。从 2008 年起先后组织专家学者、教师、工商、劳工、社会服务、文化、妇女、医务、青年、专业、宗教、教育等界别访京交流团，拜访国务院港澳办、全国人大基本法委员会、驻京办与草委交流，以及拜访对口单位。参与人士均感机会难得，收获甚丰，透过访问学习加深了对国家政策、基本法的认识和了解。

澳门特别行政区走过 20 多个年头，全面准确理解和贯彻

“一国两制”方针，坚持不懈地宣传推广基本法，自觉以基本法规范行政、立法、司法行为和处理政制发展等重大问题，这是澳门特区成立20多年来的一项基本经验，澳门基本法推广协会作为一个具有广泛代表性、性质特殊的民间组织，对此也作出了一份承担、一份付出。在澳门基本法正式颁布至今的20多年间，澳门素有爱国爱澳光荣传统的各界人士对于认真学习、宣传“一国两制”和基本法一向充满热情、不遗余力。早在基本法起草阶段，身负咨询重任且全部由本地委员组成的基本法咨询委员会，根据不同阶段的重点要求安排形式多样的宣传推介，包括直接为起草服务的深层次论证。1993年3月31日澳门基本法正式颁布后，由原基本法起草委员、原基本法咨询委员组成的基本法协进会年复一年配合后过渡期法律当地语系化、行政官员当地语系化和中文官式语文化三大核心任务，坚持耐心细致又灵活多样的宣传推介，活动数量、频率、形式、质量都在加强，成为澳门社会的一道风景线。1999年12月20日澳门特别行政区成立后，由于特区政府的重视关心，重新定位设计、阵容日益扩大的澳门基本法推广协会，不断总结、不断完善，把新时代新形势下的基本法宣传推介逐步提升到一个更高水平，至今初步建立起力度大、形式活、创意多的新模式：有的侧重于居民喜闻乐见、寓宣传于娱乐的居民自我教育性质；有的属于对“一国两制”理论和基本法的深层次理解和思考；有的适宜于长年举办，细水长流；有的高密度集中于重大事件周年举行；有的在澳门安排，有的在境外举办；有的配合特区陆续推出的重大政改主题；有的旨在提升基本理论认知。总之，本会坚持基本法系统宣传的目的性、前瞻性、原则性、灵活性，积极进取、量力而行，多年来受到特区政府和各界人士的基本认同与肯定。

面对全新形势、全新任务，本会认识到“一国两制”在澳门特别行政区的实践虽已取得有目共睹的进展，但社会发展的不均衡性仍较突出，深层次问题依然存在。应付未来挑战的最好方法之一便是要紧紧把握发展大方向，认真贯彻落实基本法，为此，就要进一步推动各界居民国家意识、民族意识和“一国两制”意识的有序提升，加深市民对国家与特区的关系、宪法与基本法的关系的正确认识和理解。这是一项意义深远、价值重大的社会建设工程。相信提升澳门各界居民公民意识，建立法治观念，提倡法治精神，在时代面前不会停止前进脚步，澳门正确验证“一国两制”的成功举措和积极启示必定会延续下去。

附件二　澳门居民国家认同感情况问卷调查

第一节　澳门居民国家认同感情况问卷调查表

一、受访者基本情况（请打√）

1. 性　　别：□ 男　　□ 女
2. 年　　龄：□ 不满 18 岁　□ 18—29 岁
   □ 30—60 岁　□ 61 岁以上
3. 出 生 地：□中国澳门　□中国内地　□中国香港
   □中国台湾　□葡国　□其他地区
4. 身份与职业：□中学生　□大学及以上学历　□教师
   □公务员　□律师　□科技工作者
   □工商界职工　□社团工作者
   □旅游博彩业职工　□建筑运输业职工
   □其他职业　□无业　□退休
5. 月收入（MOP）：□ 20000 以下　□ 20000—40000
   □ 40000 以上
6. 宗教信仰：□有　□无

二、问卷调查的具体内容

(一) 关于国家观念的认同

请指出您对下列句子的认同程度，在所对应的栏内打√。

序号	认同程度 内容	1 完全同意	2 同意	3 基本同意	4 不同意	5 完全不同意	6 不知道
1	具有中国国籍的澳门居民，当然是中国公民						
2	中国强大了，我作为中国公民感到自豪						
3	我赞成政府机关、学校和重要公共场所应依法升挂国旗						
4	我反对一切有损国旗、国徽、国歌的行为						
5	我拥护全国人大颁布和施行反分裂国家法						
6	港澳地区应融入国家发展大局，积极参与“一带一路”等建设						
7	振兴中华的中国梦也是我们澳门居民的梦						

（续表）

序号	认同程度 / 内容	1 完全同意	2 同意	3 基本同意	4 不同意	5 完全不同意	6 不知道
8	中小学应设立有关国情国史和中国优秀传统文化的课程，以加强爱国主义教育						
9	解放军在澳门驻军是行使国家主权的象征						

（二）关于“一国两制”的认同

请指出您对下列句子的认同程度，在所对应的栏内打√。

序号	认同程度 / 内容	1 完全同意	2 同意	3 基本同意	4 不同意	5 完全不同意	6 不知道
10	“一国两制”是香港澳门回到祖国怀抱的最佳方案						
11	“一国两制”中的“一国”是“根”是“本”，根深才能叶茂，本固才能枝荣。要坚守“一国”之本，善用“两制”之利						
12	澳门回归祖国后，澳门居民享有比历史上任何时候都更加广泛的民主权利和自由						

（续表）

序号	认同程度 / 内容	1 完全同意	2 同意	3 基本同意	4 不同意	5 完全不同意	6 不知道
13	“一国两制”“澳人治澳”和高度自治，在澳门的实践取得了举世公认的成功						

（三）关于宪法和基本法的认同

请指出您对下列句子的认同程度，在所对应的栏内打√。

序号	认同程度 / 内容	1 完全同意	2 同意	3 基本同意	4 不同意	5 完全不同意	6 不知道
14	澳门基本法是根据国家宪法制定的						
15	澳门基本法是将“一国两制”方针法律化、制度化的基本法律						
16	国家宪法和澳门基本法共同构成了澳门的宪制基础						
17	澳门特别行政区要进一步完善法律体系，严格依法施政						

（四）关于中央全面管治权和特区高度自治权的认同

请指出您对下列句子的认同程度，在所对应的栏内打√。

序号	认同程度 / 内容	1 完全同意	2 同意	3 基本同意	4 不同意	5 完全不同意	6 不知道
18	中央对澳门的全面管治权来自“一国”原则						
19	维护中央政府全面管治权和保障澳门特区高度自治权任何时候都不能偏差						
20	在实践中，澳门特别行政区坚持了“一国”原则，尊重中央全面管治权						
21	在实践中，中央政府尊重“两制”差异，保障了特别行政区的高度自治权						

（五）关于国家认同现状的意见与建议

请指出您对下列句子的认同程度，在所对应的栏内打√。

序号	认同程度 / 内容	1 完全同意	2 同意	3 基本同意	4 不同意	5 完全不同意	6 不知道
22	澳门特别行政区应进一步采取措施，积极提升澳门居民参与特区社会事务管理的意愿和能力						

（续表）

序号	认同程度 内容	1 完全同意	2 同意	3 基本同意	4 不同意	5 完全不同意	6 不知道
23	中央政府及特区政府应鼓励并确保澳门居民积极参与国家和特区事务的管理						
24	我认为澳门居民总体上具有比较浓厚的国家认同感						
25问题回答	你认为今后应如何进一步提升澳门居民的国家认同程度？请你贡献一点宝贵意见或建议（文字多少不拘，起码书写一条）						

“澳门居民国家认同感问题研究”课题组

第二节 澳门居民国家认同感问卷调查结果

这次关于“澳门居民国家认同感情况问卷调查”，得到了澳门特区政府有关部门、中联办社团联络部等有关部门和各大爱国爱澳社团及学界的大力协助，并在协助调研中形成了由上海社会科学院法学研究所和澳门基本法推广协会牵头、澳门大学法学院和澳门街坊会联合总会参加的课题组，因此，这份调研报告是大家共同合作研究的成果。澳门方面协助研究的除上述单位外，主要还有：

1. 澳门工会联合总会；
2. 澳门妇女联合总会；
3. 澳门中华学生联合总会；

4. 澳门青年联合会等。

问卷内容，除了受访者的性别、年龄、出生地、职业、月收入、宗教信仰 6 项为受访者个人基本情况外，重点是调查与澳门居民国家认同相关的 5 方面问题，包括：

1. “关于国家观念的认同”问题；

2. “关于‘一国两制’的认同”问题；

3. “关于宪法和基本法的认同”问题；

4. “关于中央全面管治权和特区高度自治权的认同”问题；

5. “关于国家认同现状的意见与建议”问题。

为全面了解澳门居民形成浓厚国家认同感的情况和便于受访者选择作答，我们将上述 5 方面问题具体分为 25 个小题，即将“关于国家观念的认同”问题分为 9 个小题；将“关于‘一国两制’的认同”问题分为 4 个小题；将“关于宪法和基本法的认同”问题分为 4 个小题；将“关于中央全面管治权和特区高度自治权的认同”问题分为 4 个小题；将“关于国家认同现状的意见与建议”问题分为 4 个小题。

其中，前 3 个小题与前面 21 个小题一样，受访者可从“完全同意”“同意”“基本同意”“不同意”“完全不同意”“不知道”6 个选项中任意选择作答；第 4 个小题，则采用开放式的自由填写方式。

上述 5 方面问题及其 25 个小题，具体可见附件二“澳门居民国家认同感情况问卷调查表”。

调查对象为各协办单位范围内的澳门居民，涵盖了澳门社会各年龄层人士。各协办单位在澳门均拥有广泛的影响，而且都是爱国爱澳阵营的中坚力量。

这次调查共发出 1500 份问卷，其中，澳门大学 300 份，澳门中华学生联合总会 200 份，澳门工会联合总会 300 份，澳门妇女联合总会 200 份，澳门街坊会联合总会 500 份。

回收问卷共1500份，回收率100%。有效问卷1463份，占97.53%；废卷37份，占2.47%。废卷原因主要是受访者漏填或错填导致。另外，由于统计分数采取四舍五入，所以许多图表中的百分数未能以正数出现，特此说明。

在澳门，上述几大社团，覆盖了大多数中下层社会公众，代表了现时澳门社会主流，调查结果具有典型性和可信性。

问卷数据运用SPSS进行分析，其基本分析方法包括：一般分析、交叉分析、独立样本T检定及单因子变异数分析。为简便起见，这里所记载的澳门居民国家认同感问卷调查实况，主要采用的是一般分析的数据。

一般分析，即直接介绍问卷调查收集到的每个资料数据的分析。为便于了解分析情况，本次问卷调查分受访者基本情况分析和与“国家认同感”有关的5方面问题分析两方面。

1. 受访者基本情况分析

分为下列6个方面：

第一，受访者性别情况分析（见图1）。450人（30.76%）为男性，1013人（69.24%）为女性。

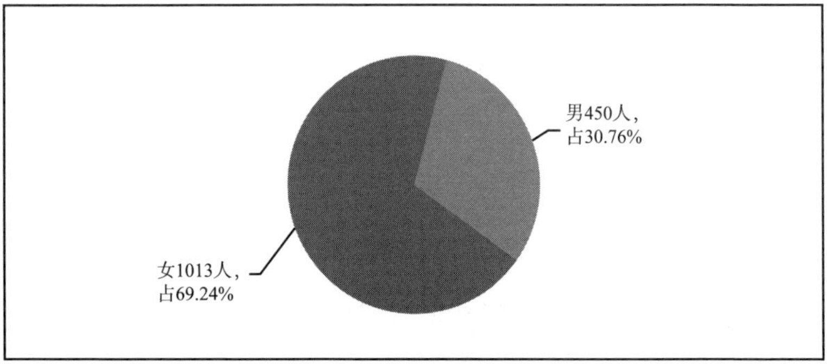

图1　受访者性别（n=1463）

第二，受访者年龄情况分析（见图2）。147人（10.05%）

为不满 18 岁；515 人（35.2%）为 18—29 岁；575 人（39.3%）为 30—60 岁；226 人（15.45%）为 61 岁或以上。

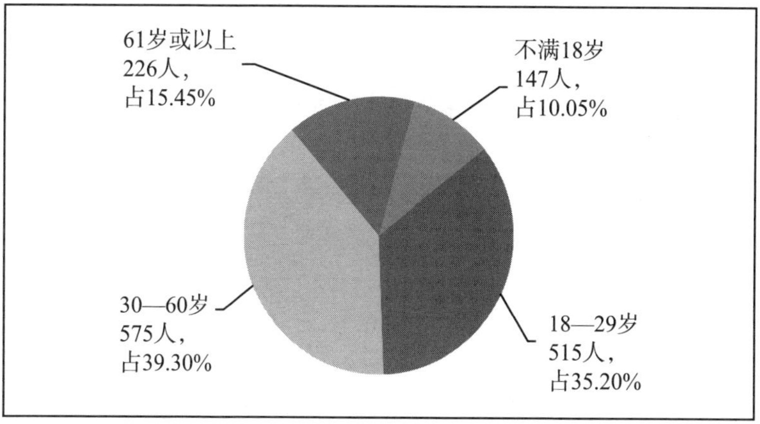

图 2　受访者年龄（n = 1463）

第三，受访者出生地情况分析（见图 3）。824 人（56.32%）为中国澳门 579 人（39.58%）为中国内地，33 人（2.26%）为中国香港，10 人（0.68%）为中国台湾，2 人（0.14%）为葡国，15 人（1.03%）为其他。

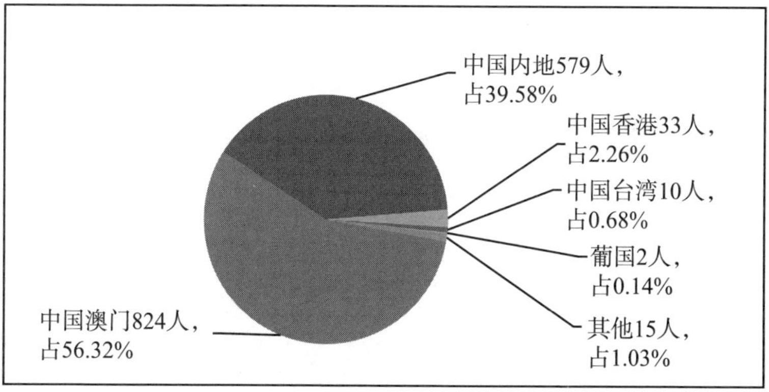

图 3　受访者出生地（n = 1463）

第四，受访者身份与职业情况分析（见图4）。222人（15.17%）为中学生，393人（26.86%）为大学及以上学历，172人（11.76%）为教师，19人（1.3%）为公务员，2人（0.14%）为律师，5人（0.34%）为科技工作者，8人（0.55%）为工商界职工，202人（13.81%）为社团工作者，26人（1.78%）为旅游博彩业职工，9人（0.62%）为建筑运输业职工，167人（11.41%）为其他职业，57人（3.9%）为无业，181人（12.37%）为退休人员。

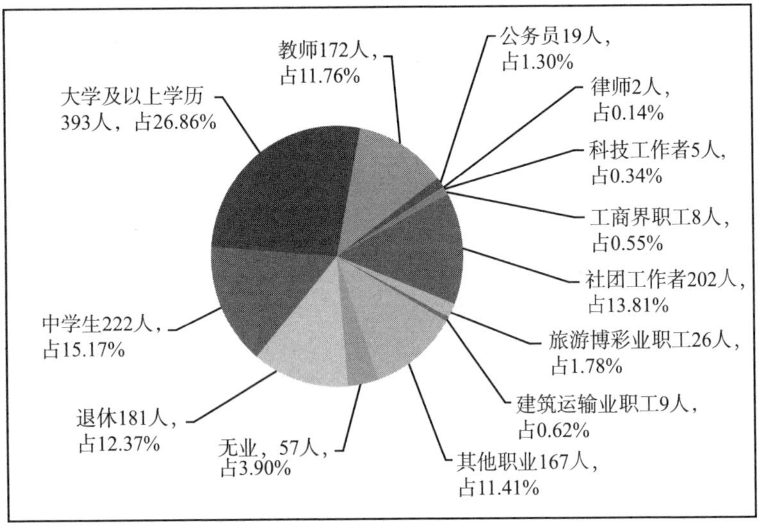

图4　受访者身份与职业（n=1463）

第五，受访者月收入（以澳门币MOP计算）情况分析（见图5）。1167人（79.77%）为20000以下；273人（18.66%）为20000—40000；23人（1.57%）为40000以上。

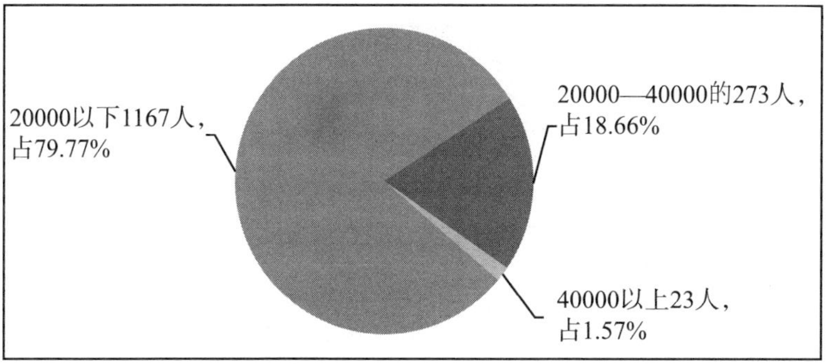

图5　受访者月收入（MOP）（n＝1463）

第六，受访者宗教信仰情况分析（见图6）。305人（20.85%）表示有，1158人（79.15%）表示无。

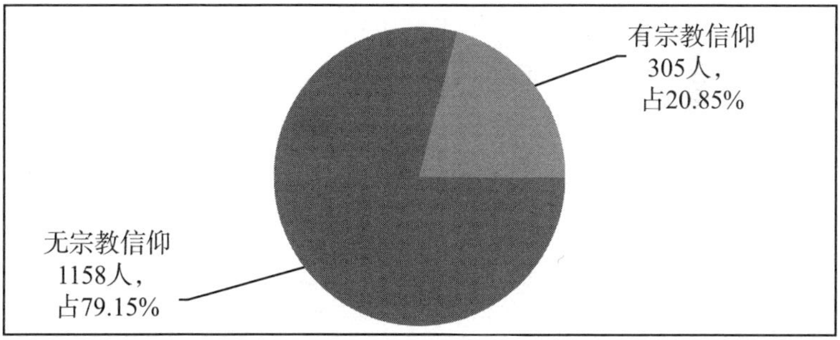

图6　受访者宗教信仰（n＝1463）

2. 与“国家认同”有关的5个方面问题的调查分析

（1）“关于国家观念的认同”方面问题的分析

分下列9题进行分析：

第一，对“具有中国国籍的澳门居民，当然是中国公民”选择题的调查分析（见图7）。768人（52.49%）选择完全同意，468人（31.99%）选择同意，199人（13.6%）选择基本同意；17人（1.16%）选择不同意，6人（0.41%）选择完全不同意；5人（0.34%）选择不知道。

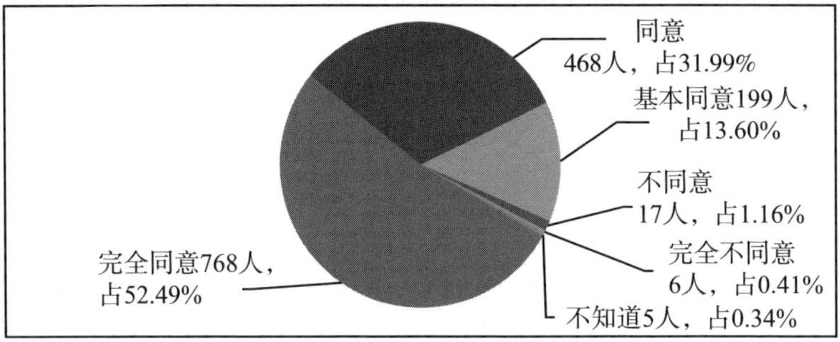

图7　具有中国国籍的澳门居民，当然是中国公民（n=1463）

第二，对“中国强大了，我作为中国公民感到自豪”选择题的调查分析（见图8）。712人（48.67%）选择完全同意，450人（30.76%）选择同意，244人（16.68%）选择基本同意；33人（2.26%）选择不同意，9人（0.62%）选择完全不同意；15人（1.03%）选择不知道。

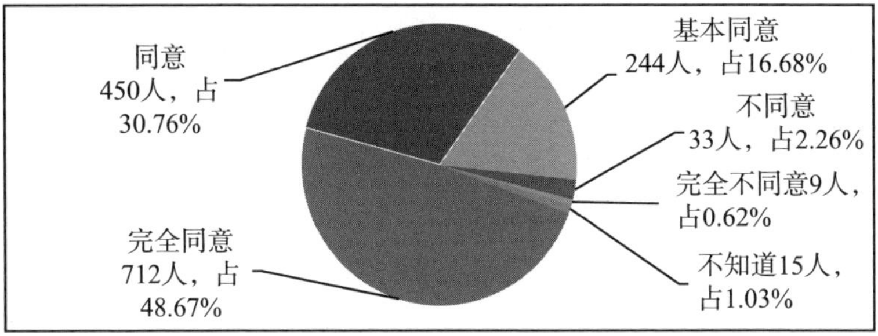

图8　中国强大了，我作为中国公民感到自豪（n=1463）

第三，对“我赞成政府机关、学校和重要公共场所应依法升挂国旗”选择题的调查分析（见图9）。660人（45.11%）选择完全同意，503人（34.38%）选择同意，239人（16.34%）选择基本同意；39人（2.67%）选择不同意，13人（0.89%）选择完全不同意；9人（0.62%）选择不知道。

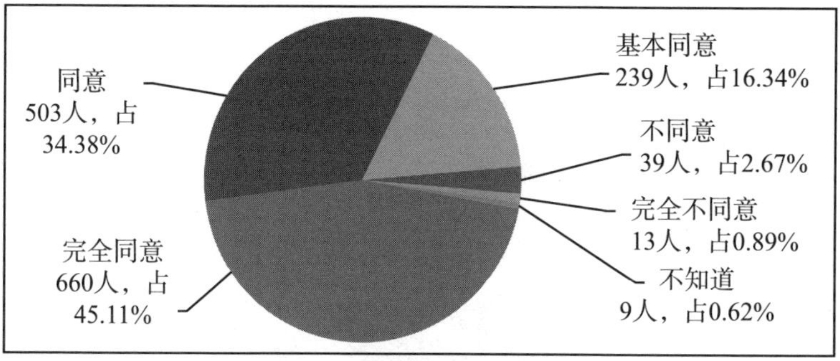

图9　我赞成政府机关、学校和重要公共场所应依法升挂国旗（n＝1463）

第四，对“我反对一切有损国旗、国徽、国歌的行为”选择题的调查分析（见图10）。729人（49.83%）选择完全同意，468人（31.99%）选择同意，207人（14.15%）选择基本同意，29人（1.98%）选择不同意；10人（0.68%）选择完全不同意；20人（1.37%）选择不知道。

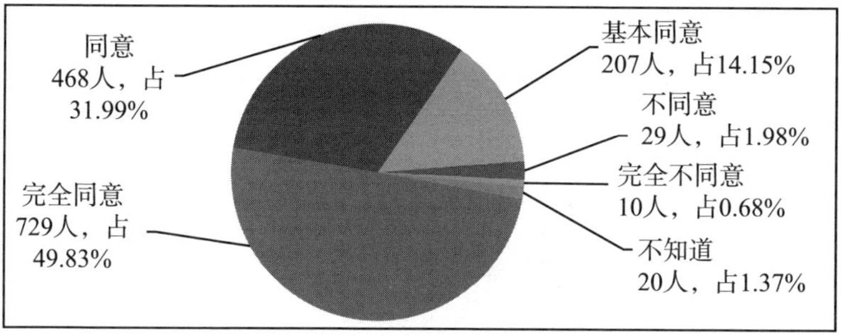

图10　我反对一切有损国旗、国徽、国歌的行为（n＝1463）

第五，对“我拥护全国人大颁布和施行反分裂国家法”选择题的调查分析（见图11）。624人（42.65%）选择完全同意，457人（31.24%）选择同意，271人（18.52%）选择基本同意；34人（2.32%）选择不同意，12人（0.82%）选择完全不同意；

65 人（4.44%）选择不知道。

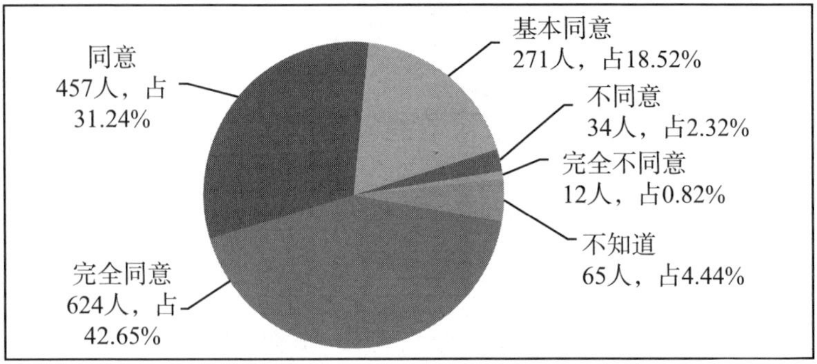

图 11　我拥护全国人大颁布和施行反分裂国家法（n = 1463）

第六，对“港澳地区应融入国家发展大局，积极参与‘一带一路’等建设”选择题的调查分析（见图 12）。631 人（43.13%）选择完全同意，515 人（35.2%）选择同意，256 人（17.5%）选择基本同意；28 人（1.91%）选择不同意，5 人（0.34%）选择完全不同意；28 人（1.91%）选择不知道。

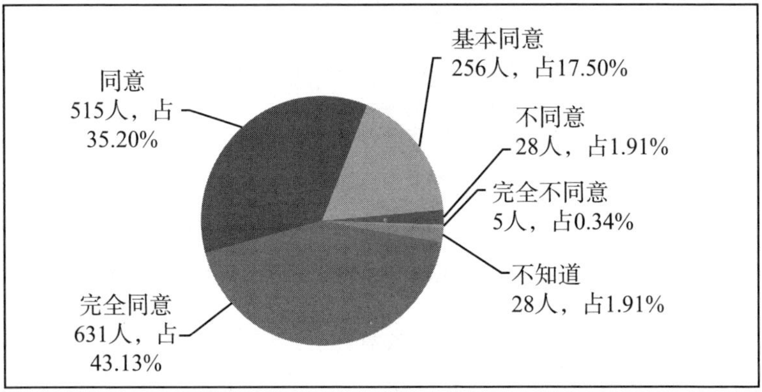

图 12　港澳地区应融入国家发展大局，积极参与“一带一路”等建设（n = 1463）

第七，对“振兴中华的中国梦也是我们澳门居民的梦”选择题的调查分析（见图 13）。597 人（40.81%）选择完全同意，485 人（33.15%）选择同意，272 人（18.59%）选择基本同意；49 人（3.35%）选择不同意，19 人（1.3%）选择完全不同意；41 人（2.8%）选择不知道。

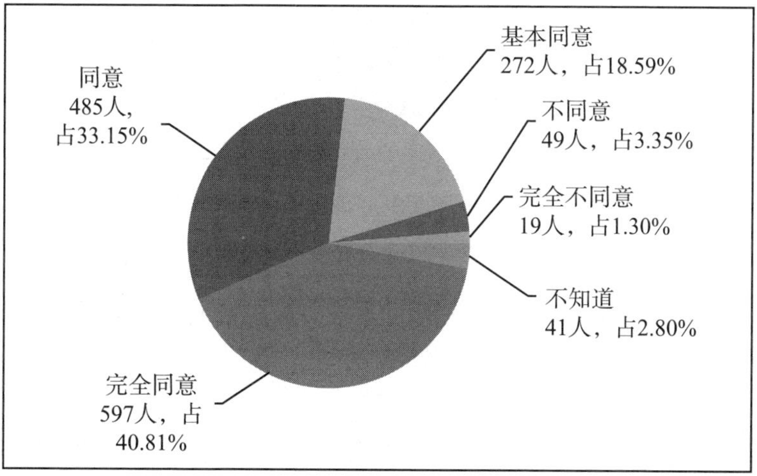

图 13　振兴中华的中国梦也是我们澳门居民的梦（n = 1463）

第八，对“中小学应设立有关国情国史和中国优秀传统文化的课程，以加强爱国主义教育”选择题的调查分析（见图 14）。584 人（39.92%）选择完全同意，472 人（32.26%）选择同意，296 人（20.23%）选择基本同意；69 人（4.72%）选择不同意，14 人（0.96%）选择完全不同意；28 人（1.91%）选择不知道。

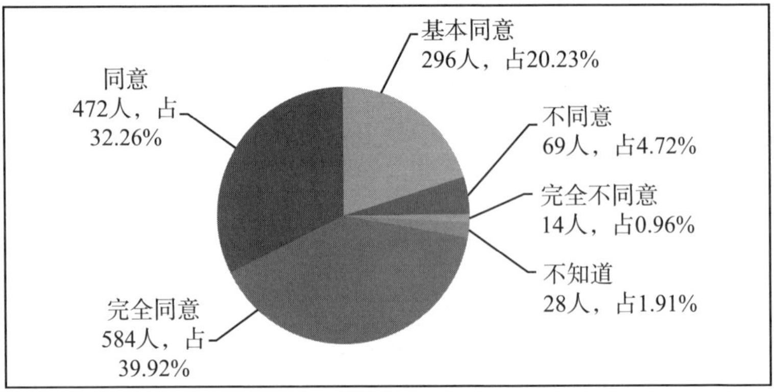

图 14　中小学应设立有关国情国史和中国传统优秀文化的课程，以加强爱国主义教育（n = 1463）

第九，对“解放军在澳门驻军是行使国家主权的象征”选择题的调查分析（见图 15）。643 人（43.95%）选择完全同意，498 人（34.04%）选择同意，258 人（17.63%）选择基本同意；30 人（2.05%）选择不同意，7 人（0.48%）选择完全不同意；27 人（1.85%）选择不知道。

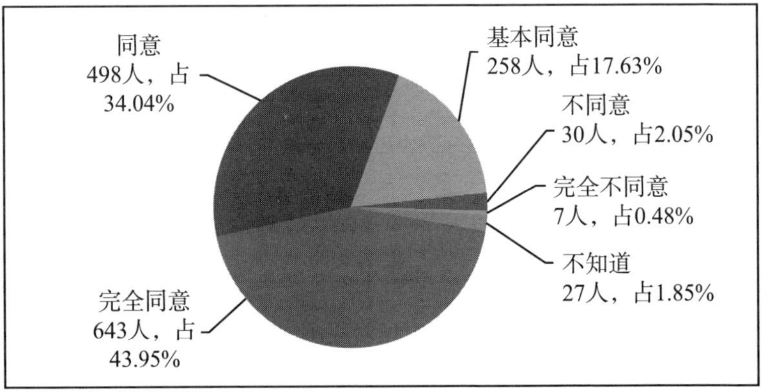

图 15　解放军在澳门驻军是行使国家主权的象征（n = 1463）

（2）“关于‘一国两制’的认同”方面问题的调查分析

分下列4题进行分析：

第一，对“‘一国两制’是香港澳门回到祖国怀抱的最佳方案”选择题的调查分析（见图16）。609人（41.63%）选择完全同意，541人（36.98%）选择同意，257人（17.57%）选择基本同意；26人（1.78%）选择不同意，6人（0.41%）选择完全不同意；24人（1.64%）选择不知道。

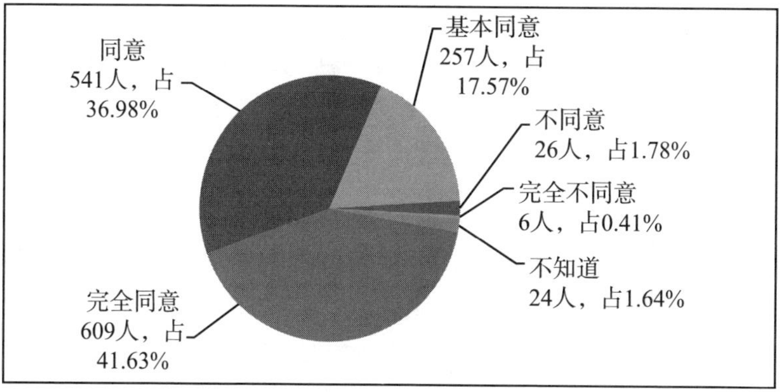

图16　“一国两制”是香港澳门回到祖国怀抱的最佳方案（n＝1463）

第二，对“‘一国两制’中的‘一国’是‘根’是‘本’，根深才能叶茂，本固才能枝荣。要坚守‘一国’之本，善用‘两制’之利”选择题的调查分析（见图17）。608人（41.56%）选择完全同意，538人（36.77%）选择同意，263人（17.98%）选择基本同意，19人（1.3%）选择不同意；4人（0.27%）选择完全不同意；31人（2.12%）选择不知道。

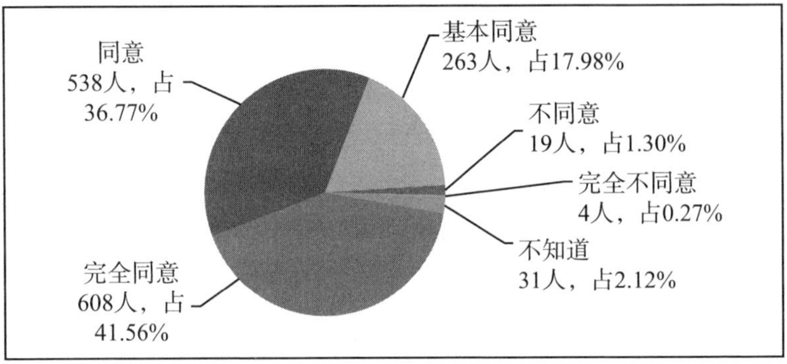

图 17　“一国两制”中的“一国”是“根”是“本”，根深才能叶茂，本固才能枝荣。要坚守“一国”之本，善用“两制”之利（n＝1463）

第三，对“澳门回归祖国后，澳门居民享有比历史上任何时候都更加广泛的民主权利和自由”选择题的调查分析（见图 18）。539 人（36.84%）选择完全同意，499 人（34.11%）选择同意，307 人（20.98%）选择基本同意；50 人（3.42%）选择不同意，20 人（1.37%）选择完全不同意；48 人（3.28%）选择不知道。

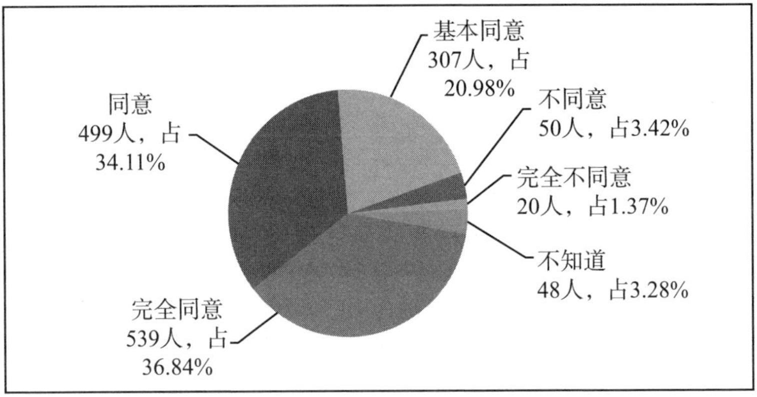

图 18　澳门回归祖国后，澳门居民享有比历史上任何时候都更加广泛的民主权利和自由（n＝1463）

第四，对“‘一国两制’‘澳人治澳’和高度自治，在澳门的实践取得了举世公认的成功”选择题的调查分析（见图19）。542人（37.05%）选择完全同意，504人（34.45%）选择同意，307人（20.98%）选择基本同意；47人（3.21%）选择不同意，18人（1.23%）选择完全不同意；45人（3.08%）选择不知道。

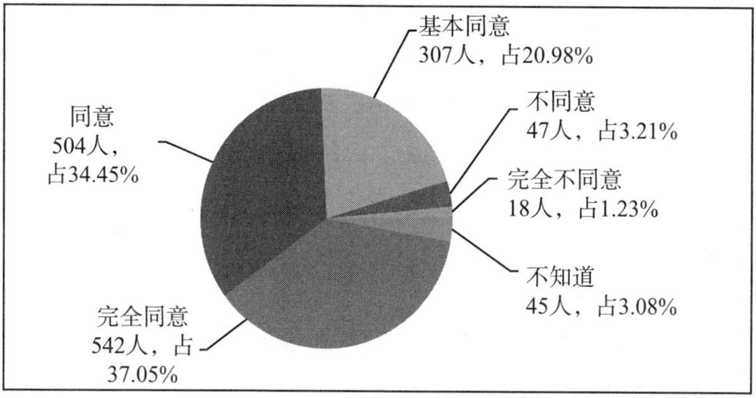

图19　“一国两制”“澳人治澳”和高度自治，在澳门的实践取得了举世公认的成功（n=1463）

（3）“关于宪法和基本法的认同”方面问题的调查分析

分下列4题进行分析：

第一，对“澳门基本法是根据国家宪法制定的”选择题的调查分析（见图20）。614人（41.97%）选择完全同意，562人（38.41%）选择同意；228人（15.58%）选择基本同意，27人（1.85%）选择不同意，5人（0.34%）选择完全不同意；27人（1.85%）选择不知道。

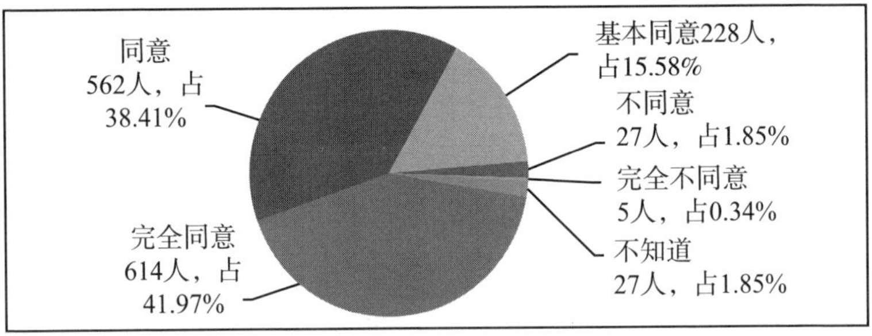

图 20　澳门基本法是根据国家宪法制定的（n = 1463）

第二，对“澳门基本法是将‘一国两制’方针法律化、制度化的基本法律”选择题的调查分析（见图 21）。595 人（40.67%）选择完全同意，578 人（39.51%）选择同意，242 人（16.54%）选择基本同意；14 人（0.96%）选择不同意，5 人（0.34%）选择完全不同意；29 人（1.98%）选择不知道。

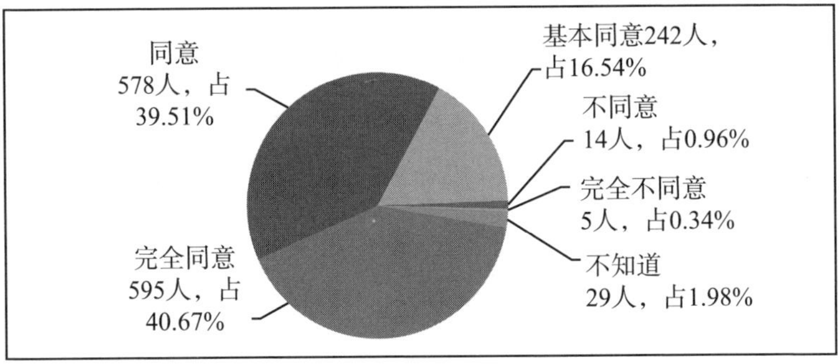

图 21　澳门基本法是将“一国两制”方针法律化、制度化的基本法律（n = 1463）

第三，对“国家宪法和澳门基本法共同构成了澳门的宪制基础”选择题的调查分析（见图 22）。604 人（41.29%）选择完全同意，536 人（36.64%）选择同意，266 人（18.18%）选择基本同意；16 人（1.09%）选择不同意，6 人（0.41%）选择完全不同意；35 人（2. 39%）选择不知道。

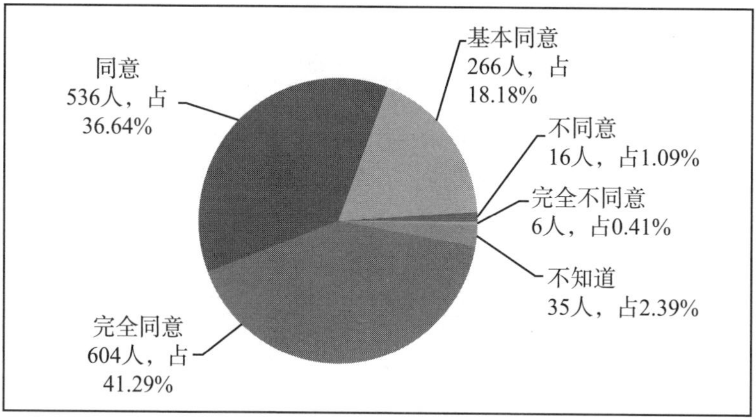

图 22 国家宪法和澳门基本法共同构成了澳门的宪制基础（n = 1463）

第四，对“澳门特别行政区要进一步完善法律体系，严格依法施政”选择题的调查分析（见图 23）。659 人（45. 04%）选择完全同意，528 人（36. 09%）选择同意，224 人（15. 31%）选择基本同意；17 人（1. 16%）选择不同意，6 人（0. 41%）选择完全不同意；29 人（1. 98%）选择不知道。

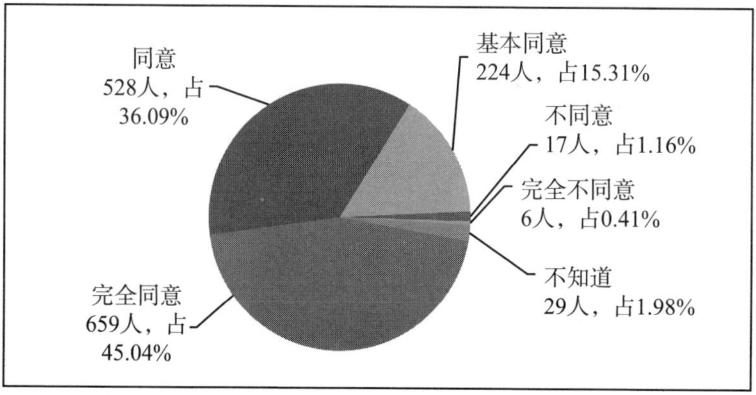

图 23 澳门特别行政区要进一步完善法律体系，严格依法施政（n = 1463）

（4）“关于中央全面管治权和特区高度自治权的认同”方面问题的调查分析

分下列 4 题进行分析：

第一，对“中央对澳门的全面管治权来自‘一国’原则”选择题的调查分析（见图 24）。597 人（40.81%）选择完全同意，523 人（35.75%）选择同意，273 人（18.66%）选择基本同意；23 人（1.57%）选择不同意，10 人（0.68%）选择完全不同意；37 人（2.53%）选择不知道。

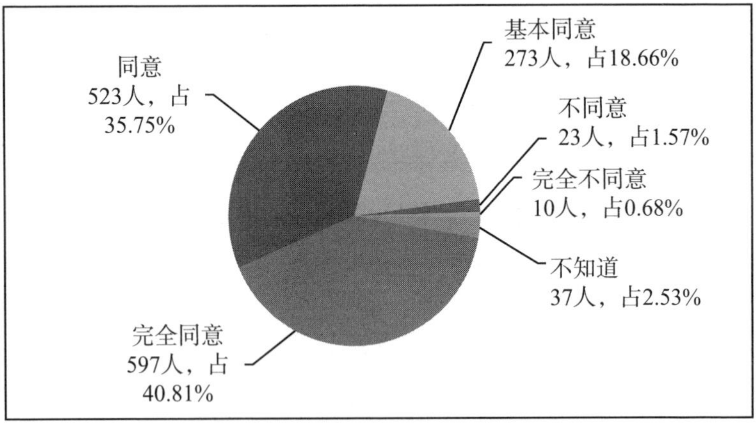

图 24　中央对澳门的全面管治权来自“一国”原则（n＝1463）

第二，对“维护中央政府全面管治权和保障澳门特区高度自治权任何时候都不能偏差”选择题的调查分析（见图 25）。586 人（40.05%）选择完全同意，554 人（37.87%）选择同意，268 人（18.32%）选择基本同意；24 人（1.64%）选择不同意，4 人（0.27%）选择完全不同意；27 人（1.85%）选择不知道。

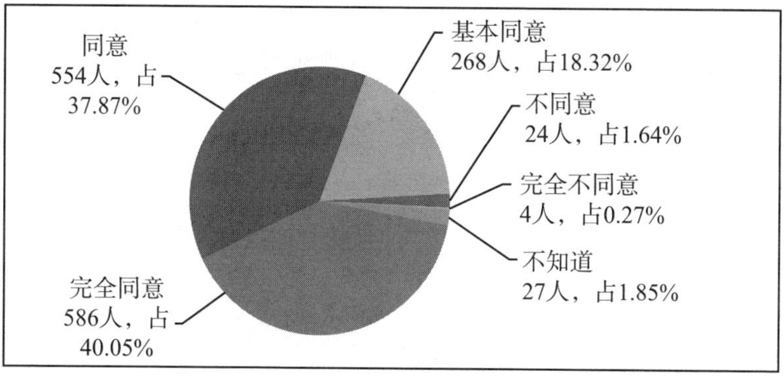

图25　维护中央政府全面管治权和保障澳门特区高度自治权任何时候都不能偏差（n＝1463）

第三，对“在实践中，澳门特别行政区坚持了‘一国’原则，尊重中央全面管治权”选择题的调查分析（见图26）。567人（38.76%）选择完全同意，565人（38.62%）选择同意，268人（18.32%）选择基本同意；29人（1.98%）选择不同意，7人（0.48%）选择完全不同意；27人（1.85%）选择不知道。

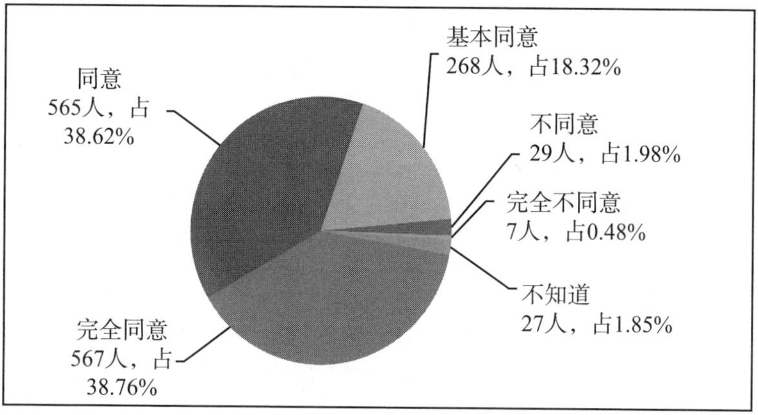

图26　在实践中，澳门特别行政区坚持了“一国”原则，尊重中央全面管治权（n＝1463）

第四，对“在实践中，中央政府尊重了‘两制’差异，保障了特别行政区的高度自治权”选择题的调查分析（见图 27）。557 人（38.07%）选择完全同意，539 人（36.84%）选择同意，286 人（19.55%）选择基本同意；40 人（2.73%）选择不同意，10 人（0.68%）选择完全不同意；31 人（2.12%）选择不知道。

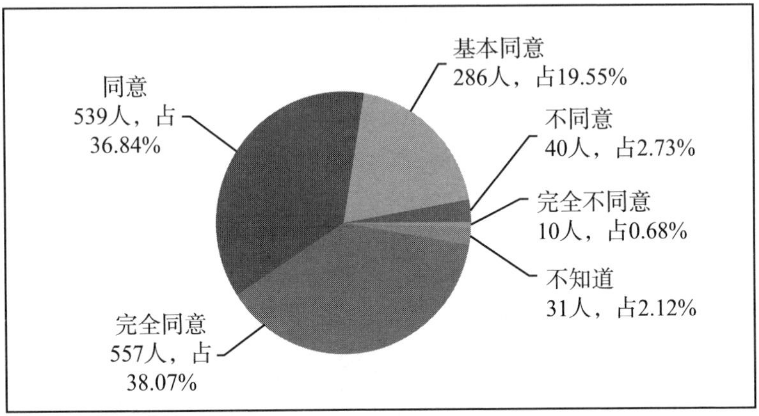

图 27　在实践中，中央政府尊重了“两制”差异，保障了特别行政区的高度自治权（n＝1463）

（5）“关于国家认同现状的意见与建议”方面问题的调查分析

分下列 4 题调查分析：

第一，对“澳门特别行政区应进一步采取措施，积极提升居民参与特区社会事务管理的意愿和能力”选择题的调查分析（见图 28）。595 人（40.67%）选择完全同意，553 人（37.8%）选择同意，273 人（18.66%）选择基本同意；17 人（1.16%）选择不同意，4 人（0.27%）选择完全不同意；21 人（1.44%）选择不知道。

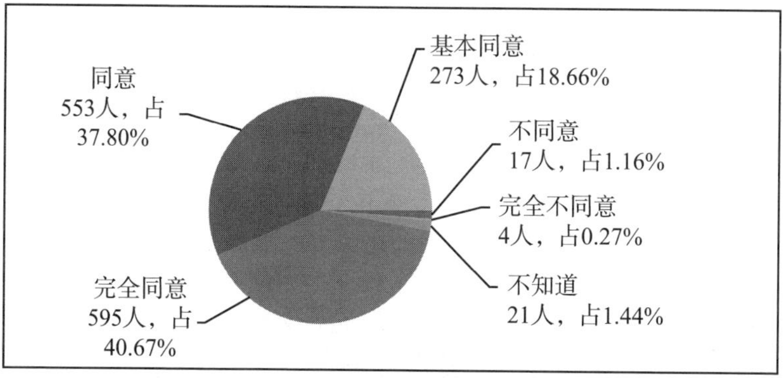

图 28　澳门特别行政区应进一步采取措施，积极提升居民参与特区社会事务管理的意愿和能力（n＝1463）

第二，对“中央政府及特区政府应鼓励并确保澳门居民积极参与国家和特区事务的管理”选择题的调查分析（见图 29）。556 人（38%）选择完全同意，572 人（39.1%）选择同意，270 人（18.46%）选择基本同意；27 人（1.85%）选择不同意，9 人（0.62%）选择完全不同意；29 人（1.98%）选择不知道。

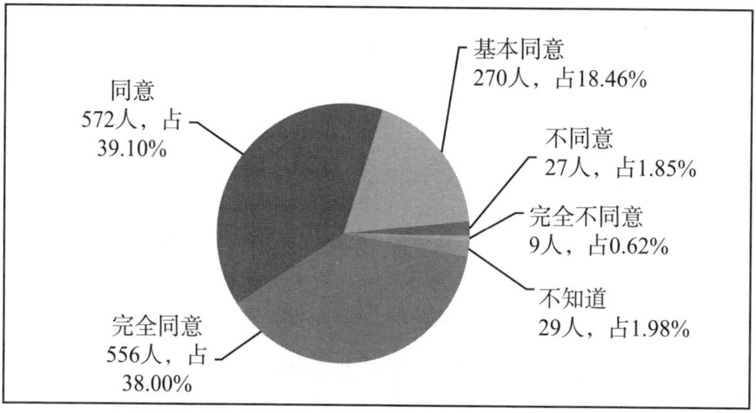

图 29　中央政府及特区政府应鼓励并确保澳门居民积极参与国家和特区事务的管理（n＝1463）

第三，对“我认为澳门居民总体上具有比较浓厚的国家认同感”选择题的调查分析（见图30）。498人（34.04%）选择完全同意，582人（39.78%）选择同意，293人（20.03%）选择基本同意；44人（3.01%）选择不同意，10人（0.68%）选择完全不同意；36人（2.46%）选择不知道。

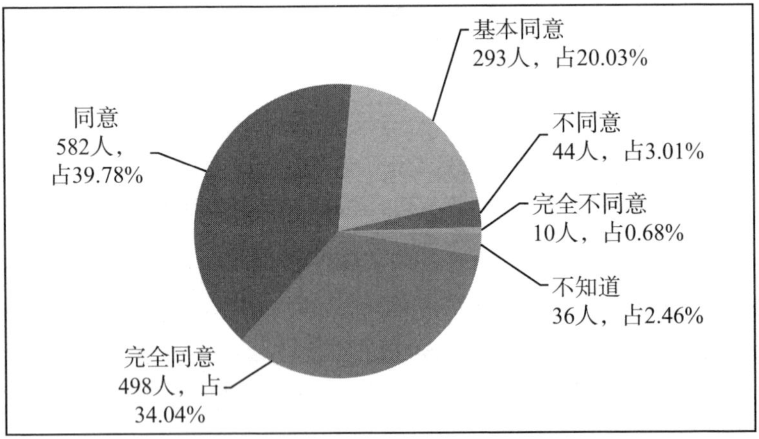

图30 我认为澳门居民总体上具有比较浓厚的国家认同感（n=1463）

第四，对“你认为今后应如何进一步提升澳门居民的国家认同程度”自由填写题的分析。共有923人进行了自由回答，占1500份问卷调查的63.09%。所提建议大致可分为两大方面，即对中央政府的建议、对特区政府的建议。

一方面，对中央政府的建议。受访者除了表达“此生无悔入华夏，来世还做中国人”的高度的国家认同感外，也对中央进一步做好澳门特别行政区工作提出了下列12点主要建议或希望：

（1）期望国家的综合实力不断提升，人民生活水平不断进步，早日实现两岸统一大业，国家强大了，自然而然令澳门居民有更高的国家认同感；

（2）在“一国两制”方针下，中央要保障特区的高度自治；

（3）希望中央跳过特区政府直接听听澳门居民的心声，建议习近平主席来澳门开座谈会；

（4）鼓励澳门居民参与管理国家事务；

（5）放开澳门青年参军；

（6）今后在澳门身份证上应写明“中华人民共和国澳门特别行政区永久性居民”和“中华人民共和国澳门特别行政区非永久性居民”字样，以更好地体现“一国”原则；

（7）期望国家为澳门居民提供更多的方便，如同内地居民一样在购买高铁票、办证等方面享受同等的方便等；

（8）建议国家提供更多惠澳便民政策，如以优惠价格为澳门供水、生鲜食品，赴内地旅行提供优惠和便利等，让澳门居民切身体会和感受到国家的重视和关心；

（9）中央要用切实有效的措施确保澳门特区政府廉洁，督促特区政府反腐倡廉；

（10）希望国家规管特区政府兴建更多社屋和居屋，帮助更多贫弱老人安度晚年；

（11）教育部应增加澳门学生到内地大学学习的报送生；

（12）提升内地来澳游客的良好行为习惯，减少澳门居民的误解甚至反感，这是提升澳门居民国家认同感不可忽视的问题。

另一方面，对澳门特区政府的建议。这方面的建议主要有下列10点：

（1）特区政府要加强组织澳门居民学习宪法和基本法，不断提高居民的宪法和基本法的素质；

（2）特区政府要让澳门居民明白中国作为澳门后盾的唇亡齿寒的重要性；

（3）特区政府要落实施政为民的施政宗旨，切实改善和解决居民最关心最迫切的住屋、交通、医疗等社会问题；

（4）国情教育要从娃娃抓起，建议所有中小学开设有关国情、国史和传统优秀文化的课程；

（5）推行升国旗、唱国歌，从小培养学生的爱国情怀；

（6）增强澳门与内地大中小学生的交流活动，增强澳门青少年对国情和国家最新发展现状的了解；

（7）建议通过电视、网络、报纸等多渠道加强宣传国家历史文化、风土人情、名人、名胜等，增加投放电视短片、网络视频等，让更多居民了解国家各方面的发展情况；

（8）通过澳门民间团体多举办爱国爱澳的活动，如组织居民参与论坛、讲座、座谈会、展览、到内地参观交流等，在日常的活动中持之以恒地提升澳门居民的家国情怀；

（9）特区公务员要公正廉洁，不要私相授受；

（10）特区政府要杜绝贪污，建设民主、透明社会。

问卷反馈对中央政府和特区政府的建议还有许多，但主要的建议为上面所述的22条。

后　记

当我们将《澳门居民国家认同感问题研究》成稿呈交课题主管机构——澳门基金会并奉献于社会公众时，心中的一块石头终于落地了。

本书“前言”叙说了我们课题组调研工作的外源性动力，这里补充一下课题组的内生性动力。课题组成员主要来自科研和高校单位，从专业结构讲，分属于各不同学科，有的从事法理学和法社会学等基础理论法学的研究与教学，有的从事民商法学、经济法学等部门法学理论研究与教学；从年龄结构讲，可谓老中青三结合，有3位已届或已近耄耋之年，有2位属于中年，有6位是青年人。共同的使命、专业的偏好和强烈的愿望让我们凝聚在一起，那就是：期盼通过研究“一国两制”和特别行政区制度与特别行政区基本法的理论与实践，以促进“一国两制”和特别行政区行稳致远的共同使命；对国家宪法和基本法理论与实践的专业偏好；以及真切了解澳门特别行政区在实施“一国两制”和特别行政区制度与特别行政区基本法方面的状况特别是澳门特区的国家认同感方面具体状况的强烈愿望。在课题组组长黄来纪教授带领下，全体成员孜孜矻矻，克服了本职工作忙、调研时间紧、问卷调查难、撰写期限短等困难，10多次南下澳门进行调研，团结奋斗的精神促成了课题的完成。在此，特向所有参加过本课题设计、申请、联络、调研、问卷调查、起草调研报告的人员致以诚挚的谢意！

本书的内容与撰写作者如下：第一章第一节是钱晓明（一、

二、三），第二节是詹德强（一、三、四、五）和王华（二），第三节是庄金锋、黄来纪、尤俊意；第二章是邓少岭；第三章第一节是王华（一、三、五、六、七）和郭丽莎（二）、庄金锋、黄来纪（四），第二节是骆伟建、赵英杰；第四章是尤俊意。全书统稿是尤俊意。周河编审和姚魏博士对文字和版式作了规范与调整。由黄来纪定稿。

由于能力和时间的限制，本书舛误之处难免，敬请各位不吝指正，感激之至！

“澳门居民国家认同感问题研究”课题组
黄来纪　尤俊意
2020 年 6 月

《香港澳门基本法研究》丛书之五

澳门居民国家认同感问题研究

主　编：黄来纪　尤俊意　庄金锋
副主编：邓少岭　詹德强　姚　魏

中国民主法制出版社

图书在版编目（CIP）数据

澳门居民国家认同感问题研究 / 黄来纪，尤俊意，庄金锋主编. —北京：中国民主法制出版社，2022. 10
ISBN 978-7-5162-2932-3

Ⅰ. ①澳… Ⅱ. ①黄… ②尤… ③庄… Ⅲ. ①爱国主义教育—研究—澳门 Ⅳ. ①D647

中国版本图书馆 CIP 数据核字（2022）第 186348 号

图书出品人： 刘海涛
责 任 编 辑： 陈 曦 张雅淇 谢瑾勋

书 名 / 澳门居民国家认同感问题研究
主 编 / 黄来纪 尤俊意 庄金锋
副 主 编 / 邓少岭 詹德强 姚 魏

出版·发行 / 中国民主法制出版社
地址 / 北京市丰台区右安门外玉林里 7 号（100069）
电话 / 010－57258080 57514499（系统发行） 63292520（编辑室）
传真 / 010－84815841
http://www.npcpub.com
E-mail:mzfz@npcpub.com
经销 / 新华书店
开本 / 32 开 880 毫米×1230 毫米
印张 / 7 **字数** / 159 千字
版本 / 2022 年 10 月第 1 版 2022 年 10 月第 1 次印刷
印刷 / 三河市宏图印务有限公司

书号 / ISBN 978-7-5162-2932-3
定价 / 48.00 元